丁丽玲 ○ 编著

站桩健身法

人民邮电出版社

北京

图书在版编目（CIP）数据

站桩健身法 / 丁丽玲编著. -- 北京 : 人民邮电出版社，2024.8
ISBN 978-7-115-64521-0

Ⅰ．①站… Ⅱ．①丁… Ⅲ．①桩功(武术)−基本知识 Ⅳ．①G852.1

中国国家版本馆CIP数据核字(2024)第106512号

免 责 声 明

内 容 提 要

本书是一本写给普通人的"武林秘籍"，介绍如何把站桩融入日常生活，在行、立、坐、卧中练就利于健康的功夫。本书在简单介绍站桩的基础知识后，重点介绍了 3 分钟正念站桩、8 种常见的舒筋壮骨站桩法，以及站桩后的放松方法。此外，本书还提供了不同场景下的站桩方式，并且针对读者站桩时的常见疑问进行了解答。本书不但适合站桩爱好者、站桩习练者学习，而且适合普通人阅读，可以帮助他们了解站桩、掌握站桩，从而达到强健身体的目的。本书图文并茂，并配有作者亲自讲解的学练小视频，可以帮助读者更好地体悟站桩的方法。

◆ 编　著　丁丽玲
责任编辑　刘日红
责任印制　彭志环

◆ 人民邮电出版社出版发行　　北京市丰台区成寿寺路 11 号
邮编　100164　电子邮件　315@ptpress.com.cn
网址　https://www.ptpress.com.cn
临西县阅读时光印刷有限公司印刷

◆ 开本：700×1000　1/16
印张：7.5　　　　　　　2024 年 8 月第 1 版
字数：77 千字　　　　　2025 年 9 月河北第 18 次印刷

定价：35.00 元

读者服务热线：(010)81055296　印装质量热线：(010)81055316
反盗版热线：(010)81055315

壹 让站桩从神坛走进生活

贰 正身、调息、正念基本练习

让身体回归自然状态........12

悬顶竖脊 12

松肩虚腋 15

舒胸展背 17

松腰敛臀 19

架起呼吸之桥 22

自然觉息 22

顺腹式呼吸 24

逆腹式呼吸 27

提肛呼吸 29

正念练习小方法 32

展眉扬唇转换心境 32

舌尖上的松弛法 35

指尖上的松静开关 37

杂念敲击阻断法 39

叁 易累、疲劳、压力大，3分钟正念放松桩

自然桩 44

抱球桩 46

捧球桩 49

扶按桩 51

肆　舒筋壮骨八桩法

擎天桩 56

虎扑桩 66

蹲墙桩 58

小燕飞桩 69

三盘落地桩 61

金鸡独立桩 72

犀牛望月桩 63

攀足桩 74

伍　生活中的轻站桩

看电视时的散盘桩 80

厨房里的高马步桩 88

久坐时的正脊桩 83

心情烦闷时的呵字诀桩 91

饭后靠墙桩 86

调理脾胃的呼字诀桩 94

陆　站桩后的放松法

叩齿咽津 100

搓后腰 101

鸣天鼓 100

敲臀法 102

站桩健身法

1. 高血压人群站桩时应注意什么？ 106

2. 失眠人群如何站桩？ 106

3. 站桩能减肥吗？ 107

4. 老年人站桩应注意什么？ 107

5. 女子在月经、孕期、月子期间能站桩吗？ 108

6. 小孩子能站桩吗？ 108

7. 早上、中午、晚上什么时间站桩好？ 109

8. 站桩要不要确定方向？ 109

9. 每次站桩多长时间为宜？ 110

10. 站桩时犯困怎么办？ 110

11. 站桩时手臂像有蚂蚁爬是怎么回事？ 111

12. 站桩时胸口发紧怎么办？ 111

13. 站桩时眉头发胀怎么处理？ 112

14. 站桩时打嗝排气正常吗？ 112

15. 站桩时头晕怎么处理？ 113

16. 站桩时总是杂念不断怎么办？ 113

17. 站桩和其他运动的关系是什么样的？ 114

18. 感冒了能站桩吗？ 114

作者简介 115

目录

壹

让站桩从神坛走进生活

站桩，是武学各拳派的入门功夫，也是核心功夫。从"无桩不太极"的太极桩，到形意拳的"万法皆出三体式"；从少林拳的马步桩，到大成拳的养生桩……拳法千变，招招归桩。

登上龙年春晚的八段锦，正常速度练起来，那是稀慢稀慢的，没有任何闪展腾挪、一掌封喉的招式，仿佛就是由八个高低起伏、反复重复的动作串在一起的。其实，八段锦就是典型的活桩慢练，是活动中的站桩。

琳琅满目的站桩大致可以归为两大类：技击桩和养生桩。技击桩，形曲力直，肌肉含力，骨中藏棱，气若蛟龙；养生桩，独立守神，肌肉若一，精神内守，病安从来。站桩，从古至今，延绵传承，成为中国传统健身养生的上乘功夫。

站桩的魅力何在？就在于它以大道至简的形式，通过自然、简约的动作，或单桩独练，或活桩慢练，把形体、呼吸、心意合而为一，让身心进入一种自然的慢律状态，获得当下最稀缺的"松弛感"，从而使大脑皮层重新整合，失衡的身心得以调整，身体机能获得提升。

在我教学相长 30 多年武术、太极、八段锦后，我发现，最终渗透我自己生活，而且能够影响大部分普通人生活的健身方法，不是那一套套华美的拳术，而是那些能够抵御生活的小磨砺，化随到行、立、坐、卧中的小站桩。这些微小的桩功有滴水穿石般的韧劲，最终形成了我们的健康习惯和气质。

这本书让站桩从神坛走进生活，是一本生活中的"武林秘籍"。书中的正身、调息、正念练习，放松桩，舒筋壮骨八桩法，生活中的轻站桩，还有站桩后的放松法，分别精选于八段锦、易筋经、五禽戏、六字诀、十二段锦等传统健身养生方法。

面对生活武林中的锅碗瓢盆、明枪暗箭、劳心伤神、筋骨疲惫，愿你十八般武艺随身，在生活这场武林大会中，身心安好，做自己的武林盟主。

武

正身、调息、正念基本练习

让身体回归自然状态

"顶"丢掉了，颈椎病来了｜

现代社会，颈椎病已经超越年龄，跨越人群，困扰着越来越多的人。一些二十几岁的年轻人，颈椎状况频出，仿佛有一根五六十岁中老年人的颈椎。

我们习惯把颈椎病归结为现代"生活方式病"。其实，便捷的生活更像是一把双刃剑，一方面让我们的身体活动减少了，另一方面赋予了我们更多选择健康的自由。

因此归根结底，颈椎的问题不是生活方式的问题，而是我们自己出了问题。

你可以观察一下，在地铁里，整个一节车厢的人，基本上都在弯腰、驼背、低着脑袋看手机。

头顶的位置对人体非常重要，它就好比一棵树的树冠，一间屋的屋顶。顶歪了，树将折，屋将倒。

日常生活中更多的常态是，脊柱像一株被压弯的小树干，斜挂着一颗沉重的"保龄球"，天长日久，这株受压的小树干一准会出现增生、变形。顶丢掉了，颈椎病就来了。

找回身体本来的样子 |

对于防治颈椎病来说，重要的不是按摩、理疗、手术，而是要找回身体本来的样子，让脊柱在平时大部分时间里，处于一种自然合适的状态。

一个很方便的方法就是悬顶竖脊，这是古代练武的基本功之一，"丢掉顶头悬，白练三十年"。

悬顶竖脊，可以对颈椎和头部的位置随时进行微调，减轻脊柱这株小树干的压力。

悬顶竖脊如拽丝线 |

悬顶，是把头部轻轻领起。这就好像头顶上系着一根丝线，从头顶向上拽起，下颌微微往回收一点，这个劲得柔和，轻盈不僵硬，不能把丝线拽断了。

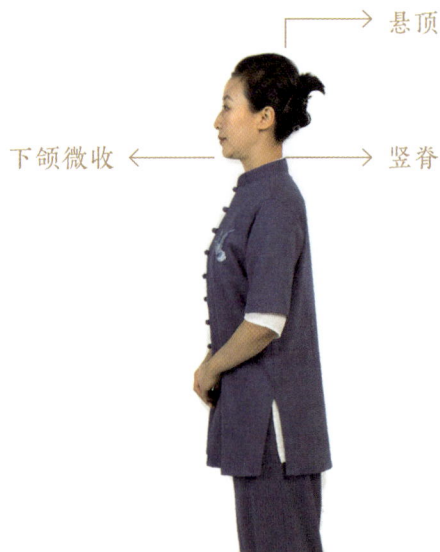

悬顶

下颌微收 ← → 竖脊

竖脊，在悬顶的同时，颈椎顺势竖直。把平时向前探出的颈椎轻轻扶正，后脖颈有蹭衣领的感觉。

悬顶竖脊，是一种头颈松正的状态，脖颈举着头，如气托着球。在这种状态下，颈肩部肌群不需要持续收缩，也不会使颈椎过度伸展，保持颈椎的正常曲度，从而使颈椎处于相对放松的健康状态。

盯电脑时如何保持悬顶竖脊的状态 |

现在工作离不开电脑，长时间伏案时，把电脑垫高一点，让电脑的上沿和眼睛同高。这种高度下，基本上可以保持头颈的松正，眼皮刚刚好覆盖住一半的眼球，能保持眼球的湿润，减少干眼症的发生。

站桩健身法

松|肩|虚|腋

肩紧脖子僵 |

练武讲究松肩活肩，肩紧一身僵，肩部要是紧巴巴的，整套拳法就僵硬。杨澄甫在《太极拳术十要》中说，肩要松开下垂，若两肩端起，全身皆不得力。

我们的肩关节，就像两扇门轴，连带着周围一片区域，脖子和后背的肌肉筋膜，在这两扇门轴上都有连接点。门轴要是生锈了，僵化了，那颈椎和背部也跟着倒霉，肩紧脖子僵、后背痛就都来了。

久坐、开车，常练松肩虚腋 |

久坐伏案，经常开车，两个肩膀常常是端着的，不自觉地形成一种紧张状态。时间久了，肩关节周围组织就容易形成慢性劳损，并且常常伴随着驼肩，也就是老百姓常说的探肩。从侧面一看，两肩往前探出，牵扯着颈背部肌肉筋膜，诱发疼痛。

松肩虚腋的练法 |

练松之前先练紧。紧好练，松不好练，紧能找到用力点，松不容易找到，先体会肩膀紧的状态，松肩就比较容易练。

首先，让肩膀这两扇门轴转起来，两肩先从前向后转，再从后向前转，各转 3 次，带动胸廓的挺胸与含胸。

先从前向后转肩   再从后向前转肩

耸肩

然后，把两肩向上耸，脖子往回缩，有点肩膀贴耳垂的感觉，耸肩 4 秒，同时深吸一口气。

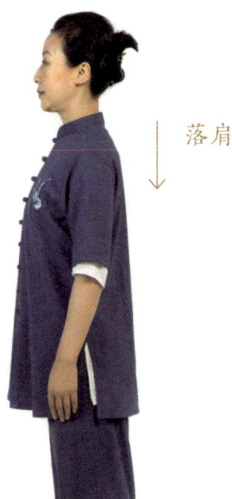

落肩

采用鼻吸口呼的方式，快速呼气，呼气的同时松肩，肩膀像自由落下一般。重复耸肩、落肩 3 次。

最后，保持肩膀落下后的状态，从肩一直松垂到指尖，腋下虚空，刚好能插入手掌。再把头顶轻轻领起，脖子轻蹭衣领，整个身体就处于悬顶竖脊、松肩虚腋的自然状态了。

披肩也是一味药 |

寒凉是导致五十肩的罪魁祸首之一，五十肩的别名就叫漏风肩、寒凝肩。夏天尤其要防止寒凉入侵。人在夏天排汗多，汗毛孔多是打开的，但夏天开空调也多，这些寒凉之气就像一把把小暗箭，无孔不入，累积多了，便成了疾。尤其是爱穿无袖装的女生，在空调房里要备一条披肩，随时搭上点儿，这时候披肩就像一剂"保暖良药"，防止寒凉入侵肩部。

| 舒 | 胸 | 展 | 背 |

为什么焦虑常常伴随背痛 |

单纯性的慢性背痛，已经成为世界性难题，其他脏器也查不出毛病，就是会经常性后背痛，而且受情绪的影响很大，越是焦虑，疼痛就越明显。

医学研究发现，疼痛、焦虑和抑郁在 5- 羟色胺系统上有着共同的神经生物基础，以至于疼痛患者常伴有焦虑症状，焦虑者对疼痛也非常敏感，二者互相影响。

为什么偏偏是后背中招呢？后背这个位置比较特殊，古代练功的夹脊关就在这，筋脉相互交错，再加上平时不容易活动到，肌肉筋膜就会变得薄弱，一弱百邪侵，对劳累、寒凉、疼痛就会更加敏感。

舒胸展背，微习惯滴水穿石 |

先打开后背。 两臂胸前环抱，手指尽量去够另一侧肩胛骨，稍稍低头，缓缓呼气，整个后背撑圆，肩胛骨向两侧拉开，略停几秒。

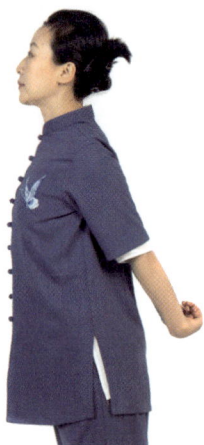

再打开胸廓。 两手在腰后相握，直臂抬起，同时挺胸抬头，慢慢吸气，两个肩胛骨往一块聚，中间仿佛能夹住一支笔，略停几秒。

最后舒胸展背。 两手松开垂落，长出一口气，仿佛放下一件大事，心头无事，体会胸部的宽舒感；后背由紧变松，自然松展，同时悬顶竖脊、松肩虚腋。

一次舒胸展背，动作很小，就像一滴水，但要相信滴水穿石的力量。经常保持悬顶竖脊、松肩虚腋、舒胸展背的状态，就形成了一种不可忽视的微习惯，这种力量可以改变我们深入骨髓的体态。

一条毛巾缓解项背强痛 |

颈椎不好，后背僵硬的人群，常常会有眉毛胡子连在一起的疼痛，出差累了，再着点风寒，经常会从后背，连着脖子，一直疼到脑袋顶，像铁板一块，这个时候如果能够按摩一会儿，受热出点汗，感觉就会好很多。

如果没时间去按摩，可以备一条毛巾，搭在脖子上，两手拽着毛巾的两头，像搓澡一样，快速拉动毛巾，从脑后发际根部开始搓拉，沿着脖颈，慢慢向下，一直搓到颈后大椎，就是脖子后面最高的那一点；然后再从大椎搓到发根，上下几个来回后，脖子就会发热，微微出汗，疼痛就会缓解。

|松|腰|敛|臀|

老腰要松，骨盆要正 |

在日常生活中，老腰痛主要有两个诱因：一个是紧，另一个是歪。腰肌紧张，骨盆不正，就会连带周围的肌肉、骨骼、神经、内脏等，诱发一连串的问题。因此，老腰要常松，骨盆要端正。

先来测一测，骨盆歪不歪 |

骨盆相当于脊柱的底座，这个底座哪怕是出现很细微的变形，都会影响到上面这根脊柱。可以从以下方面测测骨盆是否存在不正的情况。

（1）从正面或背面看，双肩高度不同；

（2）腰际两侧的曲线弧度不同；

（3）两臂自然垂落时长度不同；

（4）两腿长度不同；

（5）分别向身体两侧弯腰，手能摸到的最低位置不同；

（6）左、右鞋跟磨损明显不同。

尾闾要常练 |

尾闾，就是我们已经退化的尾椎骨，它刚好处在骨盆和臀部之间，尾闾要是能够经常松正，我们的骨盆就能处于一种中正的状态。

收尾闾。自然站立，膝盖放松，把尾闾往前收，感觉会阴部往前收，做的时候含胸收腹，稍停几秒。

翘尾闾。向后翘尾闾，也就是向后
翘臀，抬头挺胸，稍停几秒。 →

←**尾闾松垂，微微敛臀**。腰胯放松，尾闾松垂，臀部往回收一点点，感觉尾巴骨尖像毛笔头一样，松垂下来。

靠墙练松腰 |

靠墙放松站立，两脚开步，约与肩宽，两膝放松，整个后背贴在墙上，然后将腰部的凹陷处微微向后顶，两侧腰脊也轻轻贴住墙，这个劲要轻，顶劲太过，就会造成驼背。

记住这个感觉，然后离开墙，腰部放松，尾闾松垂，臀部微敛，像坐在高凳子上一样，中正舒适，这就是松腰敛臀的做法，在松和紧之间，让腰骶部回归到一种平衡状态。

拨浪鼓式松腰骶 |

久坐腰骶痛，强烈推荐这一招。双脚开步站立，左右转动腰身，头不动，眼睛看前方，手臂放松，半握空拳，随着转腰，手臂甩动起来，像拨浪鼓上的两根绳，拳背刚好敲击在后腰，整个身体就像摇晃起来的拨浪鼓，既转动了腰骶，又进行了敲打按摩。

架起呼吸之桥

|自|然|觉|息|

为什么要架起呼吸之桥 |

呼吸是我们身体中唯一一个既能自主，也能自动调节的生理功能。

我们不能直接指挥自己的心跳、血压、肠胃等内脏活动，人家有自己那套植物神经调节系统，不听咱的主观吆喝。

但我们却能分分钟改变呼吸形式，或绵软柔长，或急促如风。而呼吸深浅、频率、通气量的变化，可以影响植物神经，进而调节内脏功能和内分泌系统。

呼吸就像是一座桥，一头是你的身，另一头是你的心，它架起了一座身心沟通之桥。因此，呼吸吐纳是各种练功修行、心理治疗的常用之法。

自然觉息提升专注力 |

专注力是我们当下最稀缺的状态，是我们能够集中精神做事的能力。它能够把头脑中散乱的，到处溜达的心猿意马收复起来，汇聚成万马奔腾的力量。

这种力量犹如一股洪流，带领着我们做事，它可以使我们全神贯注地投入一件事情中，颇具幸福感，还不觉得累。

觉息，就是觉察自己的呼吸，感觉呼吸的出入深浅、轻畅涩滞，通过专注当下呼吸的练习，来提升我们的专注力。

5分钟自然觉息练习 |

第一步，把身体松下来。让身体处于一种既舒展又放松的状态，就像躺在松软的白云上一般，舒展四肢，沐浴阳光。如果刚好是坐着或者站着，那就采用我们前面所描述的"让身体回归自然状态"，悬顶竖脊，松肩虚腋，舒胸展背，松腰敛臀。

第二步，觉察气息的出入。 慢慢吸一口气，再缓缓呼出，鼻吸鼻呼。吸一次气，数 1；呼一次气，数 2；数到 30 以后，再从 1 开始，重复数息。在这个过程中，我们会感觉到呼吸时身体某个部位的涩重，喉头、胸口、还是腹部？通过轻吸缓呼来放松它。如果走神了，再回来重新数就行。

第三步，回归到当下。 重复数息 2 至 3 遍后，不再数息，感觉当下的状态，体会手的温暖、纸张的质感、杯子的温度，把心带回到身体中来。数息的目的，是让身心能够同频，与当下所做的事保持连接，这个连接越多，我们的专注力也就越高。

这个自然觉息的小方法简单方便，随时随地可用，当感觉累了，大脑里一团乱麻的时候，就可以随时架起这座呼吸小桥。

｜顺｜腹｜式｜呼｜吸｜

呼吸浅表，身体能量告急｜

从 35 岁起，我们的呼吸系统开始生理性衰退，支撑呼吸的物质基础变得薄弱，呼吸会变得浅表化，气息仿佛就在胸口和喉头出出入入。呼吸浅表，比眼角的第一道细纹更糟糕，它会使我们的身体处于慢性缺氧的状态，加速衰老。

不断进进出出的气息，是我们的能量源。就像家里的燃气，供气越充足，煤火越旺；气供不上来，火苗就暗下去了。因此，到了这个年龄段，我们尤其容易感觉到累，这是因为身体能量告急。

腹式呼吸，为身体赋能 |

腹式呼吸，就是呼吸时腹部跟着起起伏伏，是动用了膈肌、腹肌的深呼吸。它分为两种形式，一种是顺腹式，另一种是逆腹式。这节我们先来说顺腹式呼吸。

从孩子和青壮年男子身上，最能看到这种顺腹式呼吸形式。尤其是在他们仰卧睡觉时，你会发现，他们的呼吸不急不促、悠然绵长，吸气时腹部也跟着鼓起来，呼气的时候又慢慢瘪下去。

因此，顺腹式呼吸是身体能量足、机能旺盛的表现。我们所进行的顺腹式呼吸练习，其实是返璞归真，让呼吸回到生命本来的样子。

鼻吸

腹部隆起

鼻呼

腹部放松

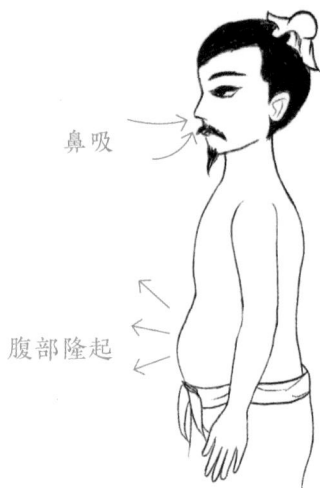

练习顺腹式呼吸时，先将身体调直，采用鼻吸鼻呼的方式。吸气的时间大约 3 秒，吸气时的着力点放到胃部，腹部有一点点隆起。

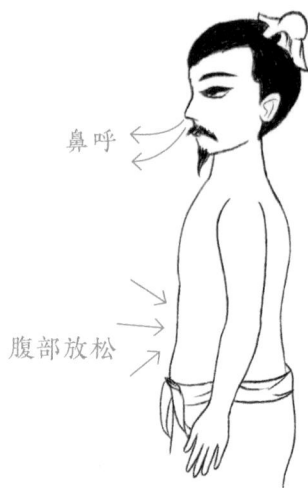

呼气时，大约 4 秒，缓缓呼出，胃部放松，腹部好像瘪下去一样，不用劲儿。

呼吸时间的长短，因人而异调整，整个呼吸过程不要刻意憋气、用力。每次练习 3 分钟。感觉久坐累了，写文稿疲惫了，或者在回家的地铁上，随时可以练习。坚持一段时间，你会发现，自己的身体状态和身体姿态都会发生改变。

躺着练顺腹式呼吸，助眠 |

失眠最常见的，就是杂念多，脑子里和过电影一样，念头层出不穷。这个时候可以躺着练顺腹式呼吸，这种细匀柔长的呼吸，一方面可以刺激副交感神经，让身体平稳下来；另一方面可以使杂念归一，安定心神。

我们可以平躺在床上，两手相叠放在腹部，采用顺腹式呼吸，气息柔和，轻轻觉察掌心的温热、小腹的起伏，以及暖意传递到小腹的舒适感。感觉心里像一潭湖水，杂念像一个个小石子，落入湖底，水波散尽，身体越来越松，腹部越来越暖，困意袭来，自然睡去。

| 逆 | 腹 | 式 | 呼 | 吸 |

逆腹式呼吸，吐故纳新的能力 |

这节来说逆腹式呼吸。逆腹式呼吸与顺腹式呼吸虽然都是腹部跟着起起伏伏，但它们的形式刚好相反。逆腹式吸气的时候，腹部往回收，好像瘪进去一样，腹肌用力，腹部是紧的；呼气的时候腹部放松还原。

逆腹式呼吸又被称为拳式呼吸，就是呼吸形式和动作姿势相配合。比如八段锦中两手托天理三焦、调理脾胃须单举两式，在手臂上举、下落时，采用的就是逆腹式吸气和呼气。相比较顺腹式呼吸而言，逆腹式呼吸的强度更大、更为主动，它能增强人体吐故纳新的能力。

常练逆腹式呼吸，给心肺添动力，给肠胃做按摩 |

心肺相当于人体的双缸发动机，一个健康有力的心脏，一定会跟着一个大容量的肺脏。可是，现代便捷的生活方式下，尤其是久坐一族，体力活动减少，肺活量下降，心虽有余而气力不足，人就会经常感觉疲惫。常练练逆腹式呼吸，气足了，就像是给心肺增添动力一样。

逆腹式呼吸，还相当于给肠胃做按摩。吸气的时候，腹肌、膈肌等呼吸肌收缩，横膈膜往下行；呼气的时候，横膈膜再往上提。这一升一降，就好比是一抓一松，和按摩的手法很像。因此，常练逆腹式呼吸，能改善肠胃功能。

逆腹式呼吸的做法 |

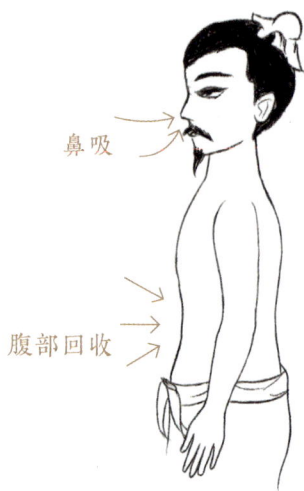

鼻吸

腹部回收

练习逆腹式呼吸时，不管是站着还是坐着，先将身体调直，立腰、挺胸，脊柱立起来。

采用鼻吸鼻呼的方式。吸气时，腹部往回收，腹肌用力，感觉从胸膈到腹部都是紧的，腹部有向后贴腰的感觉，吸气时间大约 4 秒。

呼气时，腹部放松，收紧的腹部又回到原来状态，胸膈处也放松，就像一件事办完，长舒了一口气，呼气大约 5 秒。

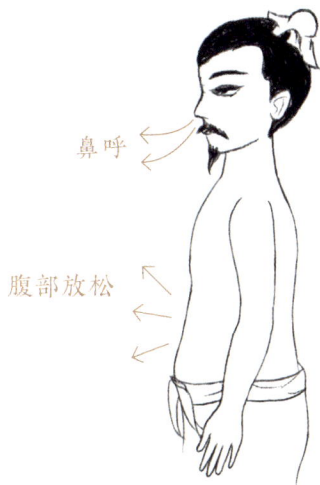

鼻呼

腹部放松

逆腹式呼吸强度大，对心肺影响也大，刚开始练习时，不要强求，两次逆腹式呼吸后，可以穿插一两次自然呼吸，以免出现憋气、心慌。

练习呼吸，和跑步健身同样道理，要循序渐进。没有基础的，上来就跑 5 千米，人就很容易练伤。呼吸同理，要因人而异，灵活掌握，每次练习 3 分钟左右，一天可以练习多次。

| 提 | 肛 | 呼 | 吸 |

提肛呼吸，古代大医们喜爱的"运动" |

提肛呼吸，在中国古代又叫"撮谷道"。谷道，是五谷残渣的泄道，即肛门；撮，是一紧一松地用劲。撮谷道，是在呼吸时，连带着会阴肛门一起收缩、放松。

撮谷道，是古代大医们喜爱的"运动"，唐代药王孙思邈，也是一位百岁老人，在其所著的《枕中方》中就记载了常用的养生方法：谷道宜常撮。

之所以称撮谷道为"运动"，是因为虽然它表面看起来风平浪静，但却是一种内在的劲道，随着谷道的撮动，腹腔内的器官都跟着一紧一松地运动起来。

随时随地都能练的撮谷道 |

撮谷道这个方法不挑地方，站着、坐着、躺着都能练。

盆腔收紧往上提

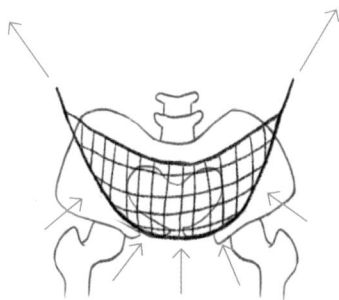

练的时候，从下向上收紧，先从肛门会阴部往回缩，然后收小腹，随着收腹深吸一口气，这时候，感觉盆腔像个网兜一样往上提，这口气要提住，略停 2 秒。

采用鼻吸口呼的方法，嘴巴微微张开，慢慢呼气，从上到下放松，先松腹部，再放松肛门会阴部，如卸重负一般。

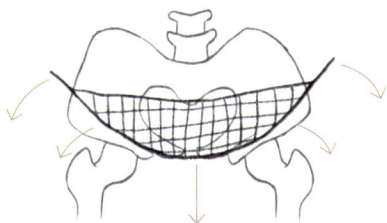

盆腔放松

撮谷道强度比较大，刚开始可以从 10 次 1 组练起，每天练习 3 到 4 组，后面逐渐增加练习次数。

痔疮、滴尿，撮谷道是随身携带的"良药"|

痔疮，是肛门附近的静脉血回流不畅造成的，十人九痔，我们大部分人都有可能患上痔疮，而且容易反复发作。

生活中对付痔疮有两个小妙招，一撮二洗。撮，就是撮谷道，肛门一紧一松地运动；洗，就是经常用温热的水清洗肛门，血遇热则行，这两个方法都有助于活血散瘀。

滴尿，就是尿失禁，主要是由于盆底筋肉筋膜松弛，就像网兜一样，向上拽的劲小了，兜不住了。经常练撮谷道，能让盆腔里的网兜更结实，从而改善尿失禁。

正
念
练
习
小
方
法

脸上自带情绪开关 |

调节情绪最方便的一招，就是打开我们脸上的情绪调节开关，它们分别是眉、眼、口唇。

医学研究表明，这些开关是双向调控的，他们既可以表现心情，也可以调节情绪。因为眼睛和口唇周围细小的变化，都有特定的脑区对其进行精细化调控。

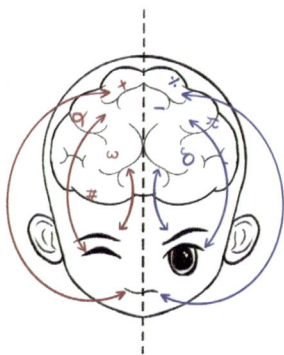

高兴时，喜上眉梢；悲伤时，愁眉紧锁。同样，主动的面部表情的改变，比如怒目锁眉、眯眼微笑，也会引起杏仁核、前额叶等不同脑区的兴奋，从而产生不同的神经调节机制。

下面就和我一起正向开启脸上这些开关，让我们由急躁、焦虑进入一种安静、喜悦的状态。

第一步，展眉 |

眉宇之间，藏着人的心头事。两眉之间神经末梢、经络穴位丰富。眉毛在人体，就像两根高度敏感的天线，接收传导各种细微情绪的变化。人在紧张焦虑的时候，眉宇之间通常是紧绷的、皱巴的，眉头紧锁。

展眉

展眉会解开眉头的疙瘩。眉头紧，周围的小肌肉就会紧张酸痛，平时不容易察觉。我们可以先感知眉宇间的酸痛感，然后体验通过展眉使这种酸痛感像一团浓墨，慢慢晕染开来，向眉梢散去，越来越轻，越来越淡。眉间紧张的肌肉，慢慢松解开，眉头的疙瘩越来越小，渐渐消失，眉宇舒展。

第二步，扬唇 |

扬唇是展眉后，继续深层松解脸部肌肉。

我们在急躁紧张时，不仅眉头是紧皱的，嘴巴周围的肌肉也是紧的，拽着嘴角往下耷拉。

扬唇

扬唇，就是把一个向下耷拉的嘴角，提升到一个轻轻上扬的状态。

口唇轻闭，嘴角周围放松，苹果肌的下缘，也就是颧骨下面的肌肉微微上提，带动嘴角轻轻上扬。

感觉紧皱的面部，像含苞的花蕾一样，由内向外层层舒展开来。

如果找不到松的感觉，那就先把嘴唇噘圆，两腮往里收，舌头也紧缩，用鼻吸气，略停两秒；然后微微张口，以口吐气，放松舌根，延展面颊，就会找到嘴角放松上扬的状态。

日常生活中，要经常提醒自己展眉扬唇，松弛面部表情。心理学家们发现一个非常有意思的现象，大脑分辨不了真实与想象之间的差异，因此在真实经历和想象中的喜乐都会产生令人愉悦的激素。一个悦色婉容的人，会拥有较高的心理能量。

舌头，健康的一面镜子 |

在中国古代的养生智慧中，舌头非常重要，它就像是健康的一面镜子，能照见我们身体的变化。舌诊，是中医望诊的重要内容，去看医生，大夫总会说，伸出舌头看看，从舌苔及舌形的不同变化，来判断身体状况。

舌头在人体中，还是一个有灵性的"小主"。自古以来，舌头就被称为"心之苗"，舌头最能反映出心理状态。稍稍留意一下就能发现，我们在紧张焦虑时，舌头是僵的，嘴里也是口干舌燥的；放松惬意时，舌头松软，口舌生津。

因此，主动改变舌头的状态，能间接松弛心境。

平时常练搭鹊桥 |

古代站桩时，为了放松身心，经常会采用搭鹊桥的方式。

搭鹊桥，形容的是舌尖轻触上门齿的根部，口腔上腭这个位置。中医

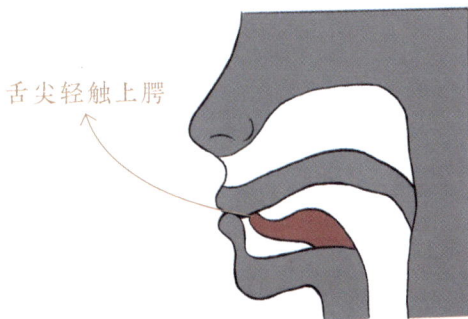

舌尖轻触上腭

认为，任督二脉各自循行到脸颊和口鼻处，没有连到一起，舌触上腭时，舌头就像是在任督二脉之间架起的一座小桥。

其实，当舌尖微微抬起，轻触上腭时，会刺激口腔中的唾液腺，分泌很多唾液，舌头在这个状态下也会非常松弛，让人产生一种放松愉悦感。

搭鹊桥时，要把握"触"的火候 |

舌顶上腭、舌抵上腭、舌触上腭，这三个劲由大到小，其中顶劲最大，犹如木杆顶门；抵劲次之，固定抵在某一点，这两个劲时间长了，舌头容易僵直。触劲是最松柔的，轻搭鹊桥，不费气力，舌下津液绵绵，身心放松惬意。

口干，常做赤龙搅海、鼓漱吞津 |

舌头为赤色，善活动，因此古代把舌头比喻为"赤龙"。赤龙搅海、鼓漱吞津都是刺激分泌唾液的好方法。嘴里发干，应常练这两个方法。

赤龙搅海。唇口轻闭，舌头轻贴牙龈，顺时针转动 10 圈，再逆时针转动 10 圈，像赤龙在津海中搅动一样。

鼓漱吞津。两腮像漱口一样，鼓漱几十次，鼓漱时两腮要快速抖动，

站桩健身法

可以更好地刺激腮腺和两颊。

这时候，口中会产生越来越多的唾液，不要咽下，含在口中，等赤龙搅海和鼓漱吞津全部做完后，再将唾液咽下，这样有利于更多的唾液被有效利用。

|指|尖|上|的|松|静|开|关|

手和大脑是一对"亲兄弟" |

人有两件宝——双手和大脑。大脑会思维，双手会创造。在人类几百万年的进化史中，手逐渐演变成了大自然所能创造的最完美的工具之一。手，可以说是大脑的延伸，医学家常把手比喻为第二大脑，我们的想法、语言在手上都有表现。

全世界所有的人，在表达意思时都会用手势来帮助说话。人脑的解剖研究表明，控制语言和手活动的中枢，都在大脑左半球，这从生理结构上决定了脑和手的相关性。

手指还能暴露人们隐藏在内心的想法。心理学家研究发现，人们可以一本正经地说假话，但却不能支配手，因为手直接与大脑的触觉中心连接，几乎不受人控制，即使是撒谎高手，也常因无法控制手的动作而泄露天机。

放松我们的第二大脑 |

因此，放松大脑的这个手足兄弟，便能够间接放松大脑。

放松两手，手指交叉，掌心朝上，两拇指指腹相触，自然垂落在小腹前，自然呼吸就好。

两拇指指腹轻轻相按，大约一秒一次，按 10 次；然后两拇指上下摩挲指腹，要轻柔，感知指腹的纹络和温度。

两分钟左右，焦躁紧张的情绪就会慢慢平复下来。

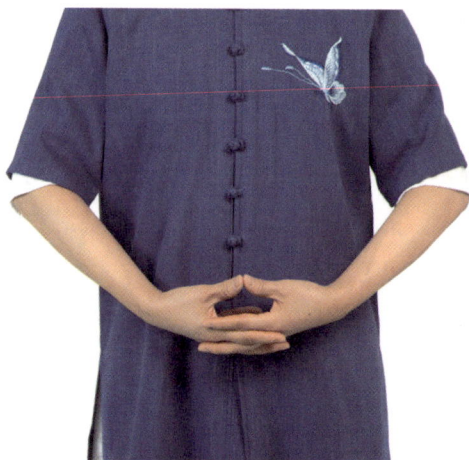

放松趾尖助眠法 |

女儿小的时候，我会经常观察她，当她的小脚丫在轻轻摆动时，她常常是喜悦、安静的，不一会儿就睡着了。因此，孩子最能展现出自然的能力，是我们最好的老师。

失眠时，不妨试试放松趾尖助眠法。

侧卧，小腿自然蜷起，两脚放松，微微向上摆动脚趾，再向下摆动，幅度要小，动作要轻柔，大约四五秒上下摆动一次。几十次后，会感觉脚趾越来越沉，心里面还想着脚趾在规律性地摆动，但摆动的幅度越来越小，就好像有那么一丝丝动作，这时候心会如潭水一样舒展安静下来。

| 杂 | 念 | 敲 | 击 | 阻 | 断 | 法 |

从古至今，杂念只有两件事 |

杂念，就如同心猿意马一般，会牵扯耗散我们的心理能量，让杂念回归正念，需要一些小方法，这节介绍杂念的敲击阻断法。

我们现代人的杂念，和古人差不多，只有两件事。清代大医家沈金鳌在《沈氏尊生书》就告诉我们了，第一件，是事情还没有发生之时，就惴惴不安；第二件，是事情已经过去了，还念念不忘。对未来之事惴惴不安，以及对过去之事念念不忘，就是杂念。

杂念多了，大脑就会形成贵宾（VIP）通道 |

人类大脑最神奇之处，就在于它那些像高级电网般联系的神经元。我们学习的知识，玩过的游戏，痛苦的回忆等，都会经过这些电网，通过电信号和神经递质，迅速传递到大脑不同区域，并且通过反复操作固定起来。

换句话说，你经常做什么，大脑就会形成你想要的样子。经常刷短视频，大脑就会分泌多巴胺，让你沉浸在短暂的快乐中，欲罢不能。常常胡思乱想，大脑便不断地释放压力激素，最终在大脑的电网中形成杂念的 VIP 通道，遇事就往这条路上跑，杂念纷飞。

要断开杂念，首先要做的，就是断开这个反射电路，得用一种明显的提示、动作或者声音，"啪"一下就把你带出来，阻断杂念的 VIP 通道。经常这样断开，这条路径就会被废弃，进而从杂念的泥潭中走出来。

以指代针，敲击阻断法 |

美国有一位医生，在研究中发现，敲击眼睛周围和头面部的一些点（这些点就类似于中医的穴位），不仅可以改善微循环，还可以调节肾上腺和皮质醇激素的分泌，减轻压力感（《轻疗愈》）。

做的时候，我们以指代针，两手轻轻握拳，指关节根部会在拳背面呈现凸起，用食指关节的凸起处敲击眼睛周围。

以指代针

首先敲两眉头，轻闭两眼，敲击的力度要适中，当眼睛疲惫时，眉头的酸痛感会特别明显，同时采用鼻吸口呼的方法，用鼻子轻轻吸气，用嘴呼气，体会长出一口气的感觉，心中的烦闷之气，随之就被呼出了。

继续敲两眉中间，然后敲眉梢；最后用食指外缘轻轻敲击下眼睑，由内向外，手法要轻柔，富有弹性。上面几个点各敲击 30 次。

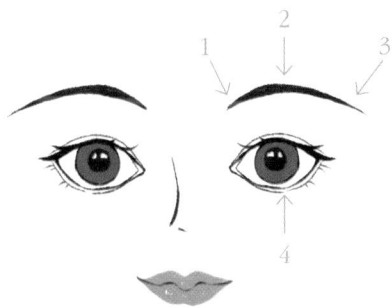

心烦意乱时，随时都可以做这个指针敲击法，配合呼吸和敲击，心中的杂念就像剥洋葱一样，一层层剥下来，最后变得越来越小，杂念消失，安住当下。

叁

易累、疲劳、压力大，3分钟正念放松桩

自然桩

为什么总感觉到累 |

现在久坐劳心的这种累，和从前种地劳作的累不一样。之前那叫筋骨肌肉之劳，劳力不劳心，身体处于一种畅通状态，休息两天就能缓过来。

现在这种累，是在久坐状态下，压力状态下，我们身体的肌肉、筋骨、神经、血管、脏器等长期处于一种慢性紧张状态。身体就像被绑着绳索一样，松不下来。积累越深，身心疲劳相互交织，会经常让我们感觉到易累、疲劳、身体酸痛，这其实是身体发出的求救信号。

放松桩与正念 |

放松桩是从一种自然的身体形态入手，加上正念的运用，从身到心，回归到一种自然松弛的状态，就像是给汽车充电一样，从而恢复身心能量。

关于正念。正念疗法的创始人，美国医学教授卡巴金曾经形容，正念就是把英语单词 "doing" 变成 "being" 状态。

"doing" 状态，好比是我正在吃饭，但我同时还刷着短视频，聊着天，人和事是分离的。"being"状态，同样是我正在吃饭，而我能专心在吃饭这件事上，人和事是一体的，感受着米饭的软糯，白菜的香甜，幸福感油然而生。

把正念练习放在站桩中，就是要对我们的身体保持全然的觉知，解开这种慢紧张状态的绳索，快速放松身心。

自然桩练法 |

两脚开步，大约与肩同宽，脚尖朝前，把两个手掌相叠，放在小腹上，掌心对着肚脐，手臂要放松。

然后，从上到下捋一捋身型，悬顶竖脊，展眉扬唇，两眼垂帘，松肩虚腋，舒胸展背，松腰敛臀，膝盖自然，不挺膝、不屈蹲，就像腿自然下垂时的感觉。

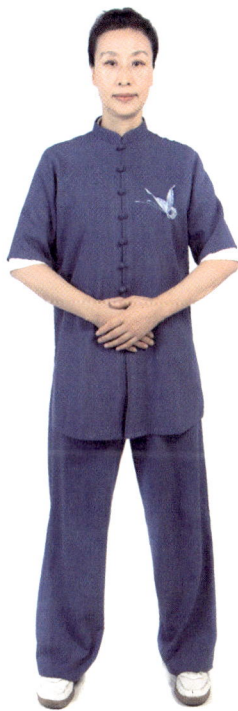

从头到脚，把正念放在自己身上，体会身体轻松的感觉，脊柱一节一节地被轻轻拉起，脖子轻松，腰背舒展，像轻轻倚在树干上。

呼吸自然，好像消失了一般不理会它，体会胸部宽舒，小腹松沉，感觉身体像个不倒翁，上轻下重。

体会两手的柔软，掌心的温热，小腹也渐渐温暖起来，浑身上下轻松舒适。

每次练习 3 到 5 分钟，每天可以重复练习多次。

抱球桩

抱球桩，站桩界的筑基功夫 |

抱球桩，称得上是站桩界的筑基功夫，很多站桩方法是从抱球桩演化而来的，它本身就好比是功夫高汤，你可以往里面添加各种食材。

抱球桩身型简约。开步站立，约与肩宽，脚尖朝前，悬顶竖脊，舒胸展背，松腰敛臀，两臂在腹前环抱，和肚脐同高，像是抱着一个气球，掌心朝内，指尖相对，两掌的距离大约 20 厘米，屈膝微蹲，如坐高凳，身体中正安舒。

站桩健身法

站桩的双线放松法 |

练习抱球桩，关键是身体保持一种紧而不僵、松而不懈的状态，我们采用双线放松法。想象身体前面有一条线，从头顶到脚尖；身体后面有一根线，从脖颈到脚跟。用一种轻轻柔柔的意念，像一股温暖的水流，从上到下慢慢沐浴身体，放松全身。

前线放松法。从头开始，头顶上好像系着一根丝线，把头部轻轻领起，如气托着球；同时，下颌微收，既不抬头，也不低头，脊柱这根链条从头顶轻轻拉起。

松肩　　松肩
虚腋　　虚腋
小腹松沉

继续向下，松肩虚腋，腋下能放下一个橘子。舒胸松腹，仿佛一件事办结之后，长出了一口气，小腹松沉。两腿微蹲，膝不过尖（膝盖不超过脚尖）。

脚尖朝前，十趾轻抓地面，仿佛花的根系一样，轻柔而有韧劲儿，不用拙力，重心平摊于脚掌之下。

后线放松法。悬顶竖脊，头部领起的同时，顺势竖脊，后脖颈蹭衣领，提起精神，放下皮肉。

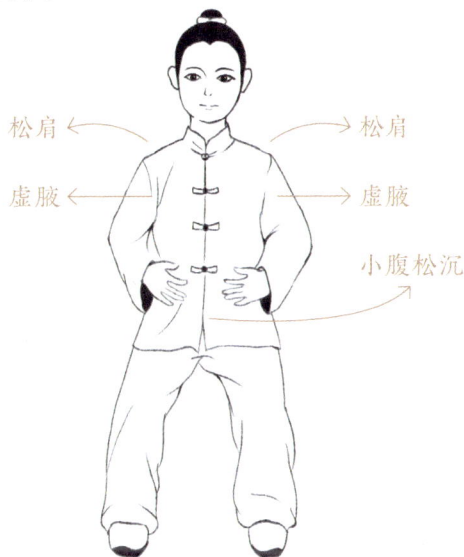

松肩展背，肩膀有意识地松沉，两肩胛
骨之间，仿佛两扇门一般，轻轻拉开，
微微虚掩，后背由紧变松，向两侧自然
松展。

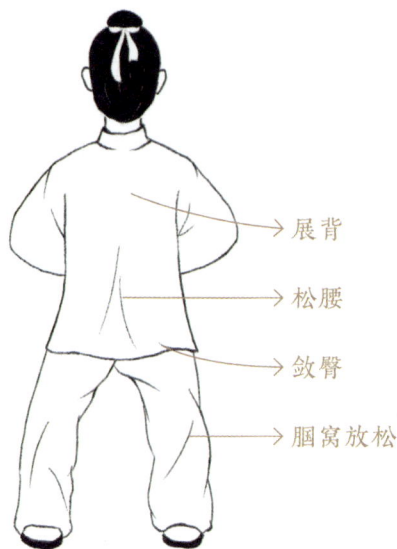

→ 展背
→ 松腰
→ 敛臀
→ 腘窝放松

松腰敛臀，肚脐后面正对的腰部命门，
用手一摸，后腰部有点凹陷的地方，微
微向后，像轻轻靠在树上一样；尾闾松
垂，臀部微敛，如坐高凳，舒适安逸。

腘窝放松。继续向下放松，就到了腘窝这个地方，膝盖后面，像个窝
窝一样，用手一摸软软的，抱球桩微蹲时，腘窝处放松，劲力经过，
但不吃劲。站桩的劲传到小腿，小腿撑劲，脚跟踏实。

外练筋骨皮，内练精气神 |

抱球桩，是滚滚红尘中修补身心的一桶好料。一方面，抱球桩是一种
小的抗阻练习，两腿微蹲，臂膀抱圆，身体处于一种微静力性抗阻状
态，可以使肌肉筋骨得到锻炼。另一方面，保持单一的身体姿势，有
助于大脑皮层处于一定程度上的单一的、弱抑制状态，让过度兴奋、
紧张的区域松弛下来。因此，经常练习抱球桩，可以内养精神，外练
筋骨。

捧球桩，抱球桩的葱酱伴侣 |

上节讲了抱球桩，这节讲捧球桩，这两个桩型就像葱酱伴侣一般，结合在一起练习，味道更佳，效果更好。

捧球桩练法。基本身型和抱球桩一样，开步站立，约与肩宽，脚尖朝前，屈膝微蹲，如坐高凳；两掌捧于腹前，掌心朝上，松肩垂肘，腋下能放一个橘子。捧球桩要找好"两个拳头"的距离，即两掌指间相距一拳，掌距小腹一拳。

两种情况下，由抱球桩调整为捧球桩 |

第一种，站桩时身体僵痛。站桩同其他锻炼形式一样，身体也有一个逐渐适应的过程。刚开始练习抱球桩时，手臂和后背常常会感觉僵硬酸痛，这时候可以把抱球桩调整为捧球桩，筋骨肌肉的僵劲会随之缓解。

第二种，站桩时心猿意马。刚开始站桩时容易杂念不断，树欲静而风不止，各种念头不断跳出来，心猿难收，意马难降。杂念往往和紧张的身体如影相随，这时候把抱球桩调整为捧球桩，并且鼻吸口呼，调整呼吸，呼气稍稍延长，身心便会渐渐安稳下来。

气沉丹田与站桩时的呼吸 |

气沉丹田不是武侠印象中所独有的，也不是指呼吸之气直接到达丹田，它和沉心静气密不可分，是一种身体、呼吸和正念三者在练习过程中不断融合的结果。但凡一项技能上升到了功夫的层面，像太极、站桩、书法、歌唱、演讲等，或多或少都会有气沉丹田的影子。

丹田，在小腹肚脐周围，中国古代称这个地方为丹田，仿佛是能够生长精气灵丹的沃土一般。从现代医学来看，腹部储存着大量的血液和神经元，就像人体的能量库。气沉丹田，是为了能够更好地调动腹部的能量。

站桩时要做到气沉丹田，得像修水渠一样，首先是挖沟建渠。这个挖沟建渠的过程就是练身架。一个羸弱的身体上，技巧是无能为力的，练技巧需要先把身体的物质基础打好，这就是大约需要三个月的百日筑基。在这个过程中，呼吸自然舒适，不要想着气怎么沉入小腹，想了也是杂念。

然后是水到渠成。百日筑基之后，身体的筋膜肌肉在增强，呼吸系统也不例外，自然呼吸逐渐变成了细匀深长的顺腹式呼吸，这时候只需

站桩健身法

要引水入渠，随气息的起落，感受小腹的充实和温暖。念头不能死盯着小腹，要轻轻流动起来，从小腹到腰身，浑身上下充实温暖。

活桩慢练效果好 |

初学站桩，把抱球桩、捧球桩等几个桩法放在一起练习，活桩慢练效果好，有助于消除站桩时的局部疲劳和枯燥感。在练习站桩时，不管是单一的桩法，还是活桩慢练，都得循序渐进，摸着石头过河，从几分钟开始，逐渐增加练习的时间，不超过半小时。

这一节介绍常见的扶按桩，扶按桩开步较大，重心较低，强度稍大，练过一段时间抱球桩后，再练此桩。

扶按桩做法。两脚开步比肩稍宽，屈膝微蹲，膝不过尖，重心比抱球桩略低一点，像做高马步一样，基本身型和抱球桩一样。两臂微屈，两掌扶按于胯旁，掌心朝下，指尖朝前。

扶按桩有一个特点，两掌如按水中的浮球。浮球轻盈，漂浮于水中，太过用力去按它，球反倒会跑。因此，两手扶按的劲，也要轻盈有弹性，掌指舒展，像荷叶一般，这样肩臂不会僵硬。

站桩与八虚 |

练习放松桩时，腋窝、肘窝、腹股沟、腘窝常常处于弯曲放松状态，又称八虚。虚的状态，就好比是发酵了的面团，里面是虚空的蜂窝状，蓬松柔软。站桩时的八虚，是一种不紧、不绷，松柔延展的状态。八虚之地，多是淋巴结和穴位汇聚的地方，这种状态下更有利于局部组织的循环和代谢。

站桩与祛病 |

放松桩就那么几个朴素的动作，之所以能够流传下来，很多人喜欢它，是因为人们从中受益了。坚持站桩一段时间后，确实吃饭香了，睡觉安稳了。这人只要能吃能睡，身体就有了康复的本钱。

两千多年前，中医典籍《黄帝内经》中就告诉我们"不生病"的智慧，一个人如果经常处在"恬淡虚无，真气从之；精神内守，病安从来"的自然平和状态中，那么就会"正气存内，邪不可干"。

很多疾病都是趁虚而入的，人在劳累、紧张、焦虑的时候，抵抗力都会下降。站桩就是通过一种"正形静心"的方法，让失衡的身心及时回归一种自然平和状态。

站桩，大道至简，是古人留给我们的养生智慧，是滚滚红尘中修补身心的一桶好料。难得浮生片刻闲，每天抽出一点时间，站站桩，回归本来的身心，是送给自己最好的礼物。

肆

舒筋壮骨八桩法

擎天桩

身体自带的高能量姿势 |

什么是高能量姿势？脑科学家经过研究，把那些向上的、开放的、向外的扩展型的身体姿势，称为高能量姿势；反之，收缩型的身体姿势，就是低能量姿势。因为身体姿势的变换和体内激素、情绪的改变非常密切。

从猿猴进化到人类，肢体语言的这一特点像是刻进了我们的基因里，几乎没有什么变化。你见过一只展现王者风范的大猩猩吗？它会两臂上举，昂首捶胸；反之，一只害怕、沮丧的大猩猩则会低头蜷缩，这和人类在体育比赛时赢输的表现一模一样。

这种扩展型的身体姿势坚持两分钟以上，就可以使体内的睾酮素上升，皮质醇下降。睾酮素又被称为"优势激素"，皮质醇为"压力激素"，它们两个处于高低合适的范围内，人的状态就会感觉特别好，做事有劲头，有能量。下面介绍的擎天桩，就是这么一种扩展型的高能量姿势。

不在状态、能量不足，开启 3 分钟擎天桩 |

长时间开会，或者下班时，感觉自己像被掏空了一样，我们就可以做这个擎天桩。擎天桩练习两分钟，就会感觉身体发热，微微出汗，像是给身心快速充电一般。

擎天桩做法

首先，向上擎天。两脚开步站立，两腿伸直，两掌五指分开，在小腹前交叉，掌心朝上，屈肘，向上托起，在胸前翻掌，继续上托到头顶，两臂伸直，像两手擎天一般，眼睛看前方，整个身体向上拔，挺胸收腹，仿佛长高了两厘米，保持10秒左右。

然后，左右擎天。脚下不动，手臂上托的姿势不变，向左转动腰身，向上挺拔的身姿不变，腰脊两侧有很强的牵拉感；再向右转动腰身，动作一样。左右两侧各保持10秒。

做完一个来回后，可以把手臂放松，向身体两侧下落，捧于腹前，屈膝微蹲，就像前面介绍的捧球桩一样，稍稍放松几秒后，再重复上述动作 4 到 6 遍。

逆腹式呼吸的运用 |

做擎天桩时，采用逆腹式呼吸。两臂擎天，整个身体向上拔起时，缓缓吸气，小腹收紧，感觉吸气七分满时，再慢慢呼出，鼻吸鼻呼，呼吸细匀深长。两次逆腹式呼吸后，可以穿插一次自然呼吸，不要产生憋气感。

蹲墙桩

骨密度告急，危机四伏 |

骨密度，是骨量的一个重要标志，可以反映出你的骨头是不是坚固。如果骨密度告急，这其实是身体给你发出的安全提示，不予理会的话，下一个红灯路口，你可能就会遭遇骨质疏松。

如果把我们的身体看成是一座木质宫殿，骨质疏松就像白蚁，悄无声息、一点点地蚕食着宫殿的框架结构，等到症状出现时，宫殿已是千疮百孔，随时都有可能房倒屋塌。

增强骨质，来点压力锻炼 |

防治骨质疏松最好的良医，就是合适的运动。成年以后的骨骼，在完成生长大业后，就变成了"懒骨头"，为了节省点能量，它时刻遵循着"用进废退"原则。你用它，它就坚固一点；不用它，骨质就会慢慢流失。

什么是骨头适合的运动呢，什么样的运动能增强骨质呢？需要来一点压力锻炼，也就是对抗阻力的锻炼，说白了，就是费点劲才能完成的抗阻运动。比如，上楼时不坐电梯，走楼梯，就是抗阻锻炼；再抱两棵白菜，就是加了负荷的抗阻锻炼。

下面这个蹲墙桩，是一种既简单又方便的抗阻锻炼法，既可以练筋骨，也可以练肌肉；同时由于锻炼蹲墙桩时腰背靠墙，因此练起来更加安全，从小孩到老人都可以用。

蹲墙桩练法 |

后背倚墙、大树或者柱子，开步屈膝下蹲。两脚开步的距离、脚跟和墙的距离，都和下蹲的高度有关。

刚开始练蹲墙桩，采用高蹲法，屈膝下蹲，大小腿之间约呈135度。这时候，两脚与肩同宽，脚跟和墙大约一脚的距离。身体有几个部位要贴住墙：后脑贴墙，后背贴墙，腰骶贴墙，脊柱正直，眼睛看向前方，两手放松放在大腿上。

循序渐进地降低蹲墙的高度，每下降10来度，两脚之间的距离加大约两厘米，脚跟和墙的距离也增加一厘米。慢慢地，过渡到大小腿之间呈直角，像大马步一样靠墙而蹲。

练习蹲墙桩时，大腿和臀部会有酸胀的感觉，那是肌肉筋骨在做功，蹲墙桩从2分钟练起，逐渐增加到10分钟。练完后，做一些轻微的走动和按摩，有助于身体的放松和恢复。

蹲桩，骨科医生的康复法宝 |

做完膝关节手术后，医生大多会强烈推荐给病人蹲桩，像站桩一样蹲蹲起起。手术是把急症去掉了，而关节功能的恢复要依赖后期的康复。这就好比一盆花，有一段枝叶腐烂了，可以刀剪并用把它剪掉，但是这盆花能不能迸发出新的活力，要靠后期的养护。

蹲桩时，膝盖周围的韧带肌肉得以牵张，慢慢变得强壮，像卫兵一样增强对膝盖的保护。同时，在蹲桩状态下，膝关节腔缓慢挤压，关节液不断渗透，才能滋养像半月板这样的几乎没有血管的软骨组织。

三盘落地与易筋经 |

三盘落地源自易筋经功法。《易筋经》最早是一部武学著作，以武功和养生为主要内容，明清时期流传下来很多版本，版本之间相互补充。在道光年间的来章氏本《易筋经》中，附有"易筋经十二势图"，也就是流传至今的易筋经功法，也叫易筋经十二势，三盘落地是其中的一势。

三盘的来历。古代练武时，从上到下，把人体分为上、中、下三盘。上盘，指肩背；中盘，指腰胯；下盘，指腿足。每一盘都有自己的特点，下盘要稳，中盘要活，上盘要灵。三盘落地，形容的是身体在蹲踞时的一种状态。

三盘落地桩，活桩慢练版的马步桩 |

练习三盘落地桩，两脚开步要大，距离约为肩宽的 1.5 倍，脚尖朝前，两臂在体侧平展，手臂放松，掌心向下。

慢慢屈膝下蹲，成高马步，膝不过尖，两臂自然下落，像按水中的浮球，下蹲时缓缓呼气；高马步桩略停 5 秒左右，自然呼吸；然后再慢慢起身，两掌翻掌上托，如托重物一般，缓缓吸气。

重复屈膝下蹲，成马步半蹲，动作要求一样；然后重心一次比一次低，蹲至 3 到 4 次时，达到全蹲。

整个三盘落地桩练习 4 到 6 遍。

如果蹲到某一个角度，膝盖出现疼痛，这时候不要强求向下蹲，到这个高度就好。坚持练习一段时间后，肌肉筋膜强壮后，痛感会越来越小，腿部和膝盖也会越来越有劲。

三盘落地桩是一种上下高低、缓慢起伏、动静结合的蹲桩，把静力练习和动力牵拉糅合在一起，更像是活桩慢练版的马步桩。它最大的特点，是对膝盖温和而有力度的刺激，更适合上楼腿打软，以及膝关节康复人群。

颈椎病，身体不断倾听指令的结果 |

从原始人进化到现代人，我们的身体形成了一套精准耗能原则，那就是能量节省原则，能省点就省点，能不用就不用，地主家也没有余粮啊！

因此，当你长时间低头伏案或者刷手机时，身体通过分析细胞所上传的压强、拉力等各种信号，得出结论：低头驼背是主人所需要的，而且不需要活动，因此用点胶原蛋白把它固定起来，免得消耗过多的能量。

犀牛望月桩

分析完毕，马上开工。于是数以万计的微观结构开始变化，来调整颈背组织结构，把前后左后的细小纤维通过胶原蛋白彼此连到一块，于是驼背低头更加稳固了，能量也省下了，同时你也收获了一个僵硬疼痛的脖子。

颈椎病，与其说是一种生活方式病，倒不如说是我们的身体不断倾听指令，并且选择适应的结果。要打破这一僵化的过程，就得经常用一点"动"的信号，让身体知道，哦，原来颈项这个交通要道得畅通，主人还是需要一个灵活的脖子。

见缝插针，犀牛望月 |

犀牛望月是在弓箭步的基础上，两臂撑开宛若犀牛角，同时引项回望，不仅能够锻炼颈椎和肩背，还能增加腰腿的劲力，可以把它当成日常的舒筋壮骨桩。

犀牛望月的基本步型是弓箭步，就是弓步。古代拉弓射箭时，为了用上全身的劲力，常常手脚并用，一腿屈膝前弓，一腿绷直。如果左腿弓，右腿绷，就叫左弓箭步；反之就是右弓箭步。

站桩健身法

大开步站立，两脚之间的距离大约 3 脚，两臂侧起，向上举起，在头顶上撑圆，掌心向上，手臂微微弯曲，像一对犀牛角；与此同时，向左后方转身回望，脚下慢慢呈左弓箭步，左脚朝前，右脚内扣。

整个动作就像犀牛转头，要慢、要稳。脚下像生根一般，脚跟不要提起，要踏实；腰身尽量向斜后方扭转；向后看时，微微抬头，像眺望天边的月亮。略停 3 到 5 秒。

两臂侧起，腰身开始转动时，慢慢吸气；犀牛望月定式，转身回望时，缓缓呼气，有利于腰身的伸展。

做完一侧的犀牛望月后，身体转正，两腿直立，两臂向两侧下落，调整呼吸，再做另一侧。练习时根据自己身体情况，循序渐进。

虎扑桩

筋骨老化的标志之一，腰骶嘎嘎硬，铁板一块 |

腰骶部，可以说是人体最"忍辱负重"的关节。它位于躯干与骨盆相交处，这里刚好是腰椎生理前凹，与骶椎生理后凹交接的地方，所受剪切力最大，最容易发生问题的第四、五腰椎和第一骶椎，就在这个地方。

30 岁的人，常见 60 岁的腰。腰骶是人体上下连接的中枢，几乎所有的动作都以腰骶为轴完成，不论行走、站立或者坐位，腰骶均在负重。可以说，腰骶就像一位吃苦耐劳的老大哥，重活累活一人扛，但却很少被关照。当它一直被过度使用时，便会加速衰老，30 岁的人，常见腰骶僵硬，铁板一块。

虎扑桩，腰骶的 VIP 按摩 |

给腰骶减负的最好方法，就是经常能让它喘口气，舒缓筋骨，哪怕只有几分钟，就能减轻疲劳的堆积。

这一节介绍的虎扑桩，相当于腰骶的 VIP 按摩。它最有意思的地方在于，一半是长引腰，一半是脊柱蠕动。这两个动作相互配合，就好像是将脊柱反复伸展、折叠按摩一般。

其中的长引腰，源于南朝陶弘景所著的《养性延命录》。陶弘景在当时被称为"山中宰相"，既有治国理政之才，又有救死扶伤之术，平时喜欢隐居著书、修身养性。陶老先生所描述的长引腰，是模仿老虎伸展肢体、向前扑食时的姿势。

先做长引腰。两脚开步约与肩宽，直腿立腰，两手半握拳，沿体侧上提；接着变爪前伸，五指屈指撑开，像虎爪一样有力；腰身前俯90度，抬头塌腰，两腿伸直，臀部后引，形成前后拉力，充分伸展脊柱，牵拉大约5秒。

然后放松腰身。把伸展的脊柱收回来，屈膝半蹲，收腹含胸，微微有点低头，把两爪收到膝前，像把猎物拉回来欣赏一样。

长引腰

放松腰身

脊柱蠕动

再来做脊柱蠕动。从半蹲状态开始，先往前送膝盖，接着往前顶髋，腰身后仰，身体像一张反弓；同时，两手半握拳，沿体侧上提到两肋。这个动作从下到上，像波浪一样起伏。

紧接着，直腿立腰，拔长腰脊，两臂再向前扑出，重复做长引腰。每次练习 6 到 8 遍。

刚开始做虎扑桩时，要给老腰一个适应过程。长引腰时，腰身前俯的角度可以高一点，45 度就行，慢慢降低俯身高度，直到 90 度，上半身和地面平行。

虎扑桩强度较大，尤其是当筋骨僵硬，动作费劲时，这时候呼吸自然，听从身体的调节就好。

关节软骨，身材小、作用大、麻烦多 |

我们身体中的关节软骨，身材超级小，平时像小透明一样存在着，经常被忽略。但是这些小软骨的作用却超级大，它们就像木门的门轴，没有了门轴，木门就不能开关，只能叫两块木板。关节软骨就是关节的机枢，起着润滑、保护和支撑作用。

就是这小小的软骨，作用大，麻烦也多，一旦出了问题，就是大问题。比如腰椎间盘，它要是不在自己的位置上好好待着，哪怕向后突出一毫米，都会让你腰疼腿疼，吃不了兜着走。

因此，关节软骨要好生养护，因为坏了不好修，就算换一个高级人工 3D 打印的，也没有原装的好，更何况用上一些年头后还有可能再换。

腰椎间盘突出，来点反序运动 |

反序运动是指与日常身体状态相反的运动，比如倒行、倒立等。在进行反序运动时，人体肌肉骨骼所承受的压力重新进行调整，平时负重较大的关节压力得以缓冲，活动较少的肌肉也得到了锻炼。

腰椎间盘出现问题，一般是向后突出的多。我们的椎骨和椎骨之间，就好比有一块胶皮垫在连接，里面装着减震的椎间盘。如果不注意保养，常年久坐、弯腰，经常向后使劲，胶皮垫边缘就容易风化变脆，稍一用力，就容易裂开，可能打一个喷嚏，腰椎间盘就突出了。

因此，预防和康复腰椎间盘突出，要经常来点反序运动。一方面使胶皮垫周围的肌肉韧带更加结实，增强保护；另一方面，重新调整关节压力，减缓腰椎间盘的负重。

下面要介绍的小燕飞桩，源于五禽戏中的鸟戏，是中国古代的反序运动，方便、好用，久坐累了，随时都能站起来练几下。

小燕飞桩的做法 |

首先来做鸟伸。两脚开步站立，约与肩宽；两腿微屈，两掌在腹前上下相叠，然后直臂上举到头上方，保持 5 秒。这时候，两只手像鸟嘴，身体前倾，腿伸直，挺胸塌腰；从侧面看，腰背就像一张反弓。鸟伸时配合吸气，腰身会更舒展。

然后做鸟飞。两腿微屈，松腰松胯，两掌相叠下按至腹前，慢慢呼气；随后，右腿单腿直立，左腿伸直向后抬起，两掌向左右分开，昂首挺胸，振翅欲飞，充分伸展腰腿，保持 5 秒。单举腿时，刚刚好是在吸气末，稍稍屏息，会更有助于平衡。

最后，左腿收回，屈膝微蹲，缓缓呼气，两掌在腹前相叠，再重复上面的动作，每次 6 到 8 遍，左、右动作算一遍。

金鸡独立桩

闭眼单脚站，难倒一批人 |

这节要讲的金鸡独立桩，就是闭眼单脚站。别小看这么个闭眼单脚站，真是既简单，又难做，已经列入中国国民体质监测中的测试项目之一。

金鸡独立桩做法：自然站立，闭上双眼，两臂侧举，任意提起一只脚，在体前屈膝上提，小腿自然下垂，保持平衡，闭眼单脚站立时间越长，平衡能力越好。

来测测你的闭眼单脚站是不是基本合格：男女标准差不多，55～59岁，能站立 7 秒；年龄每递减 5 岁，站立时间平均增加 1 秒；如 50 岁，8 秒；45 岁，9 秒，以此类推。

如果你的年龄是 30 岁，闭眼金鸡独立时长是 7 秒，那么你的平衡能力"很成熟"，相当于五六十岁的老人。

为什么"金鸡独立"这么难 |

人体平衡的实现，靠的是身体的综合能力，需要肌肉力量、视觉、本体感觉、大小脑指挥中枢等多重机制相互协调。

在睁眼单脚站立时，眼睛感觉到身体歪了，会自动发信息给小脑，来调节身体的平衡。

但闭上眼睛时，身体就只能依赖关节和肌肉的信息反馈，来帮助保持平衡，有时候反应不过来，就会出现摇摇晃晃，维持不了平衡的情况。

保持 10 秒以上，站出你的年轻态 |

平衡能力是衡量健康的一项重要指标，我们的平衡能力在 25 岁左右达到巅峰，35 岁后开始走下坡路。

英国等国家的学者在进行了长时间、大规模平衡能力研究后指出，闭眼单脚站立，有助于判断人体老化程度。如果可以坚持 10 秒以上，说明身体各系统处于相对平衡状态，健康状况良好，你可能比实际年龄更"年轻"；反之，则说明衰老较快。

给自己定个小目标吧，朝着金鸡独立10秒努力，虽然摇摇晃晃，但我们已走在通向健康的路上。

老年人在练金鸡独立桩时，安全是最重要的，可以靠墙练习，刚开始扶墙多一点，慢慢就可以离开墙独立而站了。

攀足桩

筋缩，就是身体柔韧性差了，筋骨伸展范围减小了。筋缩常常伴随着粘连、筋结、僵硬等现象，身体活动受限，是身体老化的信号之一。

做几个动作，测测有没有筋缩 |

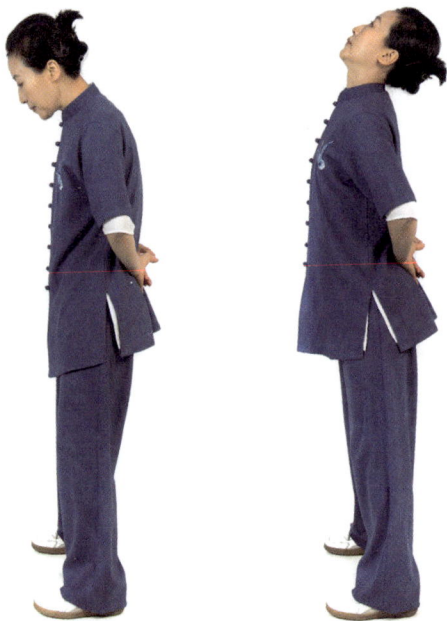

仙鹤饮水：下颌向前探出，然后收回来，低头含胸，下颌尽量能贴到衣服；紧接着向上拔伸脖颈，挺胸抬头，两眼能看到天花板，头尽量后仰，脸颊几乎和天花板平行。脖子能像鹤颈一样屈伸自如最好，如果做起来费劲、酸疼、头晕，说明颈椎僵硬。

反手抽刀：左手屈肘放在后背，手背贴在两侧肩胛骨之间，指尖朝上；提起右手，从肩上屈肘向后背，两手指尖相勾，像背后反手抽刀一般。如果两手够不到，说明肩背僵硬。

深蹲：自然站立，两脚约与肩宽，两手在体前放松，然后下蹲，双脚完全着地，大、小腿完全相贴，臀部贴近脚踝。如果无法顺利下蹲，说明髋、膝、踝关节僵硬。

俯身攀足：两脚相距一拳，两腿伸直，向前俯身，两手贴脚面。如果手掌能够完全贴住脚面，说明全身筋骨柔韧性尚佳；如果指尖都不能够到脚面，甚至脚踝，说明全身筋骨僵硬。

筋在人体就像树叶的脉络，联络营养周身，骨节之外，肌肉之内，四肢百骸，无处非筋。练筋，就是练我们的生命线。

站着、坐着都能练的攀足桩 |

站式攀足桩：自然站立，两脚开步，约与肩宽，左脚向前迈出一步，脚跟着地；右腿屈膝，脚尖稍外撇，向下俯身，左腿伸直，脚尖往回勾，脚掌竖起来。

向下俯身时，后腿弯，前腿绷，抬头塌腰，拉伸腰脊，两手先扶在前腿大腿上，静止 5 秒左右，然后扶住前脚，轻轻向下弹压腰脊 5 次，再静止 5 秒，然后前后腿交换。

两手的位置，由大腿慢慢过渡到膝盖，再到小腿，最后两手攀足。练习攀足桩时，吸气短促，呼气绵长，可以鼻吸口呼，有利于俯身牵拉。

坐式攀足桩：老年人群或者不能做站式攀足者，可以坐着练。坐在椅子的前缘，一条腿尽量往前伸，脚跟着地，脚尖勾起；另一条腿弯曲，全脚着地，脚尖外撇，然后俯身攀足，动作要求同上。

攀足桩每次练习 3 到 5 分钟，见缝插针就可以练一练，小步渐进，筋骨渐柔。

伍

生活中的轻站桩

看电视时的散盘桩

两腿能双盘，就代表修身的功夫高么？ |

人体坐姿有很多种，其中盘坐较为安稳，摄持手足，容易静心，多为儒、释、道各家修行时采用的坐姿。

盘坐分为散盘、单盘、双盘。散盘也叫自然盘，两小腿交叉，两脚放在大腿下。单盘是在散盘的基础上，把一只脚放在对侧大腿上，脚心尽量朝上。双盘是在单盘的基础上，两只脚分别盘在对侧大腿上，脚心朝上。

能双盘，不能代表修身的功夫高低，就像磨砖不能成镜，枯坐不能成佛一样。小孩子很轻松地就能双盘，村里炕头唠嗑的老人，几乎个个都有双盘的功夫。能双盘，表示腰腿柔软，或者盘腿的时间足够久了。

对于普通人来说，经常练练盘坐，能够增强腰、胯、膝、踝的柔韧性；同时双腿盘屈，下肢的血流量会相对减少，大脑会获得更多的血流，盘坐一会，会感觉更加有精神。平时看电视时，就可以坐在床上，练练散盘桩。

散盘桩要领 |

臀下垫垫子，腰骶不累。盘坐时，一定要垫个二三厘米的垫子，把臀部垫高，这样可以舒缓腰骶的压力。然后两小腿交叉，自然而盘。

头正颈直，竖起脊梁。头顶像拽起一根丝线，下颌微微回收，悬顶竖脊，脊柱抻直，人的精神状态就会提起来。

两肩放松，两手自然放置。两肩要松沉，感觉腋下虚空，松肩垂臂，两掌放在大腿或膝盖上，掌心朝下。

放松腰骶，摇身晃海。

古代把会阴部称为海底，认为这个地方能蕴藏能量，因此盘坐状态下摇转上体，又叫摇身晃海。散盘 5 到 10 分钟即可。然后在盘坐状态下，顺时针、逆时针摇转上体，幅度适中，各转 6 次。晃动时，盆腔和腰骶部一张一弛，一紧一松，像是按摩一般。

两腿盘不上怎么办？ |

如果两条腿实在是硬，散盘也盘不上，我们可以把一条腿伸直，另外一条腿呈盘腿状，慢慢向前下压一压，两腿交换做，逐渐松解筋骨。

盘坐是把双刃剑 |

物无美恶，过者为灾。适当的盘坐有利于健康，但是如果盘坐太久，反倒会损伤筋骨，导致血流不畅，因此一次盘坐不要超过 20 分钟，起身后适当走动放松。

人是带"相"的 |

相传晚清名臣曾国藩特别会"看相"，一番打量之后，就能把一个人的人品、德行、才干，以及今后发展，说得八九不离十。

《世说新语》中记载了曹操见匈奴使者的故事。曹操自觉形陋，怕不能镇住异国来使，便让一位大臣替代他，自己提刀站在一旁。接见完毕，使者感慨：魏王非常俊朗高雅；不过，站在旁边的提刀人，才是真正的英雄！

人的身体语言所散发出的信息，综合在一起，便是所看到的"相"，它融进了我们日常的行、立、坐、卧中。因此老话说，站有站相、坐有坐相，一个好的坐相，自带健康信息和气场。

正脊桩做法 |

但凡坐着的时候，随时可以调整为正脊桩，先从 5 分钟做起。

首先，做好三个直角。小腿和脚面是第一个直角，小腿和地面垂直，两脚放平，之间距离 10 到 20 厘米，脚尖朝前；大小腿之间是第二个直角；大腿和躯干之间保持第三个直角。

然后，舒展脊柱。从小腹开始，展腹，立腰，竖脊，下颌微收，颈部自然，胸部宽舒，脊柱由之前的蜷缩状态，缓缓舒展，就像慢慢扬起的藤蔓。

加点顺腹式呼吸。身体舒展了，在喉头的浅呼吸，也跟着顺畅起来。吸气时，腹部微微鼓起；呼气时，腹部又轻轻瘪下去，像潮起潮落一样自然。

坐直，开启正确减肥模式 |

正脊桩说白了，就是坐直。坐直，简直就是骨科医生们的法宝，颈椎不好的，坐直；腰肌劳损的，坐直；骨盆侧倾的，还要坐直……想要减肥，首推你的，也是坐直。

体重是身体对你生活方式的总结，是你种下的因果。减肥是一个改变生活方式，提升自我的过程。

这个过程，你可以用任何方式打开，只要它能够长久，就足以成为改变你的力量。

为什么要从坐直开启减肥模式呢？因为坐直不仅可以改善体态，改善脏器的功能，提高身体代谢，更为关键的是，它可以提升意志力。

心理学家发现，想要提升意志力，与一堆目标无关，只要能够集中精力改变一个微习惯，就能全方位地提高我们的意志力。

随时提醒自己坐直，就是在改变一个微习惯。坐直这个动作看起来虽小，但却可以时时刻刻挑战你的意志力。当这个目标达到之后，你会获得更强的自信、自尊和意志力。

因此，从坐直开始吧，遇见一个更加健康的自己。

饭后靠墙桩

减脂、控糖，饭后黄金半小时 |

饭后运动，是减少脂肪堆积和控制血糖的黄金时间，能够起到事半功倍的效果。这里有两个重要的火候要把握好，一是什么时间动，二是怎么动。火候小了，作用不明显；火候大了，影响消化，容易造成胃下垂。

研究表明，餐后半小时到 1 小时，是血糖变化的一个高峰。这个餐后半小时，是从吃第一口饭的时间开始算。比如吃饭用了半小时，就得减去半小时，这剩下的半小时，就是血糖上升的高峰，身体开始全力以赴消化、储能。

因此，吃完饭后的半小时，利用好控制血糖、体重的黄金时间，让身体处于一种"动"的状态非常重要。这种"动"得"柔中带刚"，上下起伏不能大，不能颠簸正在工作的胃。因此，我们选择"靠墙桩"，简单方便，原地不动，但是做起来很累，可以达到锻炼的效果。

靠墙桩，站如松 |

背对墙壁，身体站直，两脚跟并拢，紧贴墙壁，脚尖稍稍分开一点，大约 5 到 10 度，这样有利于两腿并拢。

从下向上，身体依次贴墙。小腿贴墙，臀部贴墙，两个肩胛骨贴墙，后脑勺贴墙，两手中指紧贴裤缝。

然后，两手从体侧举起，在头顶交叉，掌心朝上，手臂伸直，整个身体像拔萝卜一样向上拔起，臀部收紧，小腹收紧，腰杆直立。

几秒之后，手臂开始酸热，尽量坚持10秒左右，然后手臂向两侧落下，中指紧贴裤缝，落下10秒之后，再向上举，手臂重复举落。

靠墙桩站直后，呼吸会自然变成深长的腹式呼吸。随着两臂上举，筋骨拉伸，呼吸又会变得急促，这个时候，采用腹式呼吸穿插自然呼吸，气与身合，不刻意，不强求。

靠墙桩从5分钟开始站起，慢慢增加到10分钟左右。它不仅有助于减脂、控糖，还能塑型。大腹便便、脊柱侧弯的，靠墙桩是一剂随身携带的"良药"。

胖人和瘦人的"习惯基因"|

胖人和瘦人的区别，除了遗传基因、饮食环境外，还有各自生活习惯的不同，这些习惯甚至深入骨髓，称得上是后天的"习惯基因"。

生活中特别明显的一点就是，胖人大多在吃完饭后，把碗一推，窝在沙发上刷手机、追剧；而瘦人呢，吃完饭后一般就开始收拾，手脚不闲。日积月累的饭后黄金半小时，成就了各自的体重。

因此，饭后试着从沙发上站起来吧，尽管脑子里会有千般不舍，但只要开始，身体就会向好而生！

厨房里的高马步桩

不同身体姿势下，脊柱压力排行榜 |

站立坐卧不同姿势下，脊柱所受压力的差异非常大，假设直立时脊柱压力为 100%，以此为标准，不同姿势下脊柱压力大致为：

（1）平躺，25%；

（2）侧卧，75%；

（3）直立，100%；

（4）站着向前弯腰，150% ～ 200%；

（5）坐直，150%。

其中，站着向前弯腰，脊柱所受的压力约为直立时的两倍。而站着向前弯腰，是我们在厨房做饭、洗碗的常态，这就是为什么在厨房忙活半天，会觉得腰酸腿疼，因为脊柱一直在高压下工作。脊柱如果长年累月地承受这种压力，就会积劳成疾。

因此在厨房里劳作时，我们可以采用高马步桩，一是能够减轻脊柱压力，二是能够增强腰腿力量。

厨房里的高马步桩 |

在厨房里站着向前弯腰洗菜时，我们就两脚开立，比肩略宽一点，脚尖外撇大约十来度，这样更有利于腰胯的放松。

然后屈膝，微微下蹲，膝盖不超过脚尖，像高马步桩一样。蹲桩的高度可以根据自己身体情况来，马步桩越低，相对腰腿越有劲。

继续松腰敛臀，尾巴骨往回收一点，如果找不到松腰敛臀的感觉，就往墙上靠一靠，找到靠墙的放松感就有了。

因为腿上是马步桩状态，整个重心降下来了，这时候就可以把弯着的腰背立起来了，腰椎压力得到减轻。这样站着马步桩状态，该洗菜洗菜，该刷碗刷碗，不影响手中的活，还减轻了脊柱的压力，锻炼了腰腿的力量，一举多得。

练上一段时间后，感觉腰腿有劲了，可以加大一点两脚间的距离，蹲桩的高度再低一点。

换一种方式扫地 |

很多人不习惯用扫地机器人，总觉得扫不干净，喜欢自己做。扫地的时候，通常是扫帚在前，人在后，弯腰向前，跟着扫帚走，几个房间扫下来，腰腿也是酸酸的。

可以换一种方式扫地，后退步扫，向斜后方退步大一点，两脚不要在一条垂线上，这样会更稳当。前腿稍屈，后腿稍直，腰身立起来，往回拉着扫帚扫，就像医生推荐的倒步走一样，可以锻炼腿后和腰部力量。

声音的奥秘与人体健康 |

声音的奥秘与人体健康，是一个从古至今不断探索的话题。从佛家修行的心咒，到道家养生六字诀，都是通过声音和气息的练习，来达到修身、祛病、延年的目的。声音和人体的生理、心理、健康之间相互影响。

为什么人在高兴时，会发出呵呵的笑声；惊恐时，是"啊"的一声大叫；悲伤时，则是呜呜的哭声。每种情绪都有其特定的声音表达，而情绪变化又和脏器功能息息相关。因此古人通过取类比象，把五音归为五脏，通过发声吐纳来锻炼脏器。

传说中的祛病强身六字诀 |

发声吐纳的健身方法可以追溯到春秋战国时期，《庄子·刻意》中就有："吹呴呼吸，吐故纳新，熊经鸟伸，为寿而已矣。"到了南北朝，逐渐形成了"长息法"，也就是六字诀的雏形。

南朝名医陶弘景在《养性延命录》中记载了"长息法"的做法：纳气有一，吐气有六，呐气一者，谓吸也；吐气六者，谓吹、呼、唏、呵、嘘、呬……时寒可吹，时温可呼，委曲治病。

隋代佛教高僧智顗在其《童蒙止观·治病第九》中归纳了六字诀的祛病口诀："心配属呵肾属吹,脾呼肺呬圣皆知,肝藏热来嘘字至,三焦壅处但言嘻。"而且说这六字诀用着方便,随时可练。

后来,又经唐代名医孙思邈、女道士胡愔的传承发展,六字诀形成了"大呼发声""细呼吐气"的练习方式。宋代以后,随着印刷术的发展,六字诀广泛应用于佛、道、医、武等各家各派。

5分钟呵字诀桩,解郁祛烦,给心脏补充能量 |

这节我们介绍的是六个字诀之一的呵字诀桩。

胡愔在《黄庭内景五脏六腑补泻图》中这样描述呵字诀:"治心脏用呵法,以鼻渐长引气,以口呵之。""心有病,用大呵三遍,细呵十遍,去心家劳热、一切烦闷,疾差止,过度损。"

以抱球桩开始,然后两掌捧于小腹前,像捧起一汪清水,屈肘,两掌捧至胸前,轻轻吸气。

→轻轻吸气

口吐呵音←

接着，向内转掌，指尖朝下，指背相贴，缓缓下插，一汪清水仿佛灌入心中，同时口吐呵音。

这个呵音，同喝水的喝，发音时，口半张，舌尖轻抵下腭，下颌放松，声音低沉，匀速缓慢。

发音结束，两掌也下插到了肚脐前，然后屈膝微蹲，两掌向外打开，再呈抱球桩，重复呵字诀。

练习时，发声 3 到 6 遍；再做只吐呵气、不发声 10 到 20 遍。

唯精唯一，六字诀健身秘籍 |

六字诀在传承过程中，发展出不同的版本，在个别字诀的读音、动作上不尽相同。这就好比一棵树的成长，不断萌生枝条，渐渐枝繁叶茂，虽然枝条长短不同，但它们有一个共同的主干和根脉。

归根结底，六字诀健身的秘籍在于它的"唯精唯一"。

六字诀在练习时，将注意力集中在单一而有规律的发音吐气上，为了避免意念太过，同时配以微绵的呼吸、松柔的动作。这就好比用一根松松柔柔的绳子，巧拴心猿意马，让身心进入一种松柔专注状态。

松柔专注，具有极高的心理能量，也是支配脏器的植物神经最喜欢的工作环境。因此，练习六字诀，是帮助身体进入到了一种唯精唯一、松柔专注的状态，人体的自我修复能力得到增强。

四季常呼脾化餐 |

明代《修龄要旨》《遵生八笺》中有一段六字诀的顺口溜："春嘘明目木扶肝，夏至呵心火自闲，秋呬定收金肺润，肾吹惟要坎中安，三焦嘻却除烦热，四季常呼脾化餐。"

书中阐述了随着季节的变化，人体脏器的功能也会跟着变化。在练习六字诀时可以有所侧重，但一年中要经常练的，是呼字诀。"四季常呼脾化餐"，常练呼字诀，有益于我们的脾胃。

呼字诀桩，可以说是六字诀中的基本功，它的发音和口型，在六字诀的传承发展中基本没什么变化。而且由于它发音吐气的独特性，呼字诀桩练起来，和腹式呼吸配合非常顺畅。

呼字诀桩做法 |

以抱球桩开始，然后两掌慢慢收向肚脐，两腿伸直，轻轻吸气。

→ 轻轻吸气

接着，口吐"呼"音，把嘴噘圆，像个管状，气息在口中形成一股气流，声音低沉，匀速缓慢。呼气吐呼音时，大足趾轻轻点地，随即松开。

与此同时，屈膝微蹲，两掌向外展开，两臂呈弧形，两掌之间的距离与掌心到肚脐的距离相等；发音结束，手和肚脐形成一个等边三角形。

口吐呼音←

再慢慢起身，两手收至肚脐，重复呼字诀。

练习时，发声 3 到 6 遍；再做只吐气、不发声 10 到 20 遍。

陆

站桩后的放松法

叩齿咽津

本章介绍几种放松方法，站桩后可以练习一到两种，也可以作为日常保健方法。

乾隆皇帝有一套"十常四勿"的养生功课。十件经常要做的事：齿常叩，津常咽，耳常弹，鼻常揉，睛常运，面常搓，足常摩，腹常持，肢常伸，肛常提。四件尽可能不做的事：食勿言，卧勿语，饮勿醉，色勿迷。其中叩齿咽津排在"十常"之首。

叩齿，古代又叫"叩天钟"，上下牙齿轻轻相叩，产生的声音由口腔直接传入内耳，清脆深远，宛如敲钟一样，朝暮叩齿三十六，七老八十好牙口。做完叩齿后，再做前面介绍的"赤龙搅海"，舌头轻贴牙龈，在口腔中转动，最后将唾液咽下。

鸣天鼓

两手掌轻掩耳孔，十指放在脑后枕枕头的地方，食指和中指做弹拨，用食指弹击后脑 10 来次，这时会听到咚咚的声音，像敲鼓一样。

紧接着做拔耳，两手掌掩实耳孔，然后快速拔开，拔耳 5 次左右，随着拔耳，感觉有一股气流从耳内涌出。

做鸣天鼓时，由于耳孔被掩住，声波传导发生改变，因此便会听到骨传导过来的咚咚声。鸣鼓所产生的震动，拔耳时所产生的压力，对耳部微小的神经、血管都是一种良性刺激。

先把两掌搓热，然后掌心贴后腰，指尖朝下，上下搓摩，摩擦的速度要快，像钻木取火一般。

与此同时，快速提踵，脚跟一起一落，上下快速提踵，这个过程脚跟不要落地，快速提踵 10 次后，颠足震地一次。

搓后腰

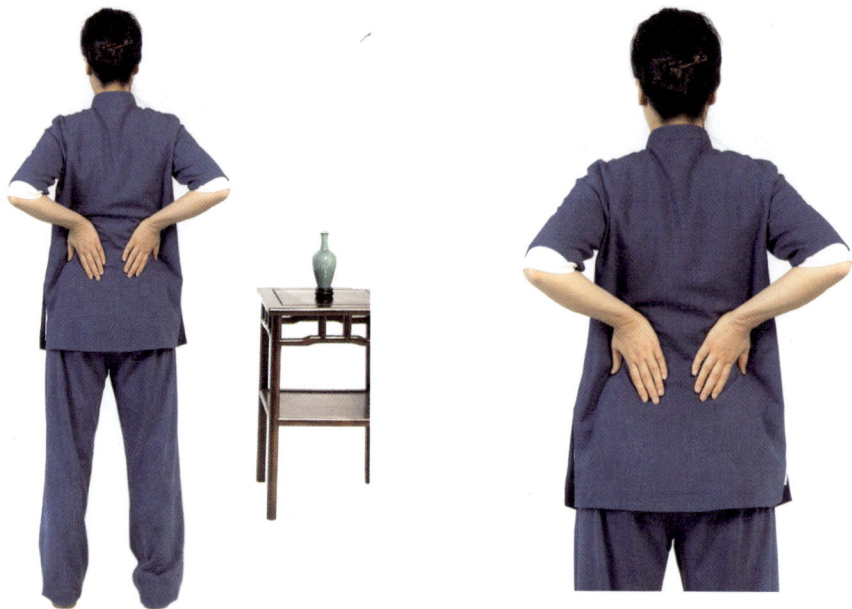

搓后腰加快速提踵 2 分钟左右，就会微微出汗，腰部发热，如暖流流过，非常舒服。

腰肌劳损、腰酸腿困、精神不振、疲劳乏力等，每天多做几次搓后腰。

敲臀法

先在髋部找两个非常重要的点。站直后，臀部外侧用手一摸，有点凹进去的地方，用拳头敲一敲，酸酸的，老腰不好的，敲起来更为酸疼。

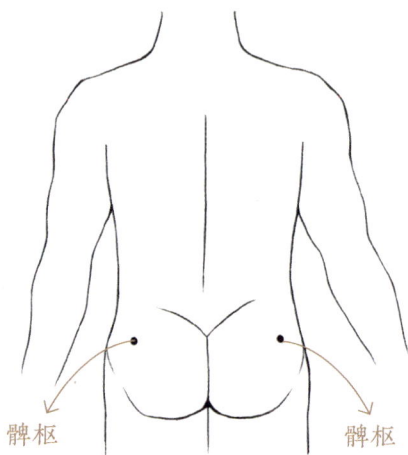

髀枢　　　　髀枢

髋部这个位置在古代被称为"髀枢"，好比是上半身与下肢转折的枢纽，以祛腰痛著称的环跳穴就在这。而在它的深层，刚好对着一条粗大的神经——坐骨神经，因此敲起来就越发敏感。

这两个点平时可以艾灸、按摩，对祛除腰腿痛有帮助。自己按摩时，就用敲击法。

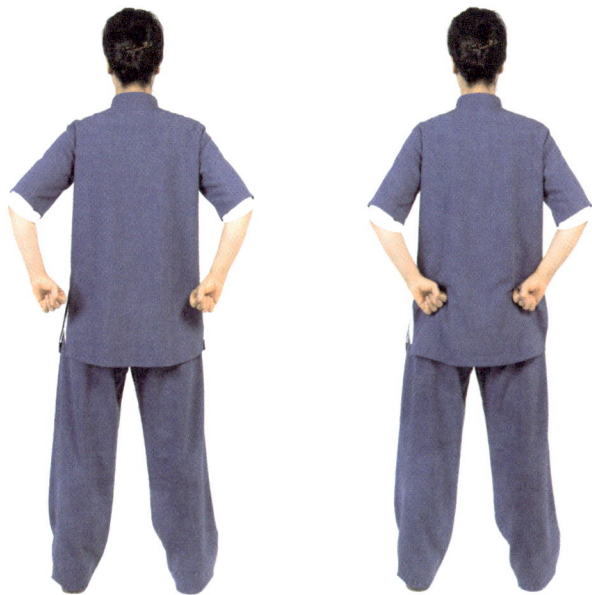

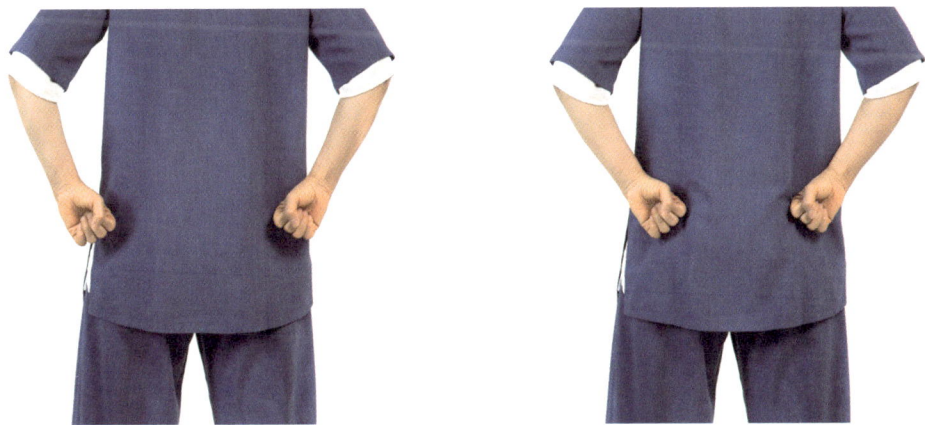

两手握拳，用食指根部那个尖尖，以指代针，敲击臀部外侧，这样比较省劲，力度也大，每次敲 50 来下，一天可以多做几次。

柒

解疑释惑十八问

1. 高血压人群站桩时应注意什么？ |

通常所说的高血压，是指原发性高血压，大多与血液循环的外周阻力大、精神紧张、遗传等因素有关。高血压人群在站桩时，可多练放松桩。站桩时，松静的状态尤其重要，可通过呼吸和意念调整状态。在自然呼吸的基础上，稍稍加长一点柔缓的呼气，呼气时感觉小腹松沉，就是老百姓所说的"把心放到肚子里"的那种感觉，舒适但不憋气，调息似有似无。再慢慢地把念头轻轻放在脚底，就像站在松软的沃土上，脚下有根，但不僵硬。站桩后做"拿玉枕"50次，即沿脑后从上向下，用手抓捏后脖颈，提起弹落，用力适中。

2. 失眠人群如何站桩？ |

失眠人群在站桩时，应该走出"功利性"误区，即"我站完桩，是不是就能睡着了"，越这样想，杂念越多，反而容易成为睡眠的包袱。站桩对失眠的调节，是一种随风潜入夜，润物细无声的过程。失眠人群可以将"舒筋壮骨桩"和"放松桩"结合来练，白天多劳筋骨，见缝插针经常做做舒筋壮骨桩；夜间放松精神，临睡前1小时练练放松桩。这样动静之间相互结合，松紧有度，让过于兴奋的大脑皮层得以休息，保护性抑制增强，从而慢慢恢复大脑的自我调节功能，睡眠就成了一件自然而然的事。

站桩健身法

3. 站桩能减肥吗？ |

坚持站桩，有助于减肥。而这个令人期待的结果，主要是通过三方面作用实现的。第一，顺腹式呼吸的运用，这种呼吸形式细匀深长，膈肌的上下运动幅度增大，肺活量加大，人体的新陈代谢增强；顺腹式呼吸同时对腹部起到了按摩作用，增强了肠胃蠕动，减少脂肪堆积。第二，劳筋骨，即便是简单的放松桩，也需要屈膝微蹲，在高马步状态下完成，这种微抗阻练习有助于消耗过多的能量。第三，能够坚持站桩，相当于改善了一个微习惯，在这个过程中，自信、自尊和意志力得以提升，从而开启了全面改善生活方式模式，体重也因此而改变。

4. 老年人站桩应注意什么？ |

老年人站桩尤其要把握火候，不能练得过火。这就好比烧制一炉上好的瓷器，火候细微恰当，瓷器便会流光溢彩；相反，便有可能烧废。站桩时的姿势不见得有多标准，摸着石头过河，慢慢一点点精进，适合自己的，便是最好的。呼吸也不要刻意追求细匀深长的腹式呼吸，从自然呼吸做起，逐渐做到身安心静、呼吸自调。在把握火候的过程中，还要注重练养相兼，三分练、七分养。这"七分养"，更注重生活中的"大养"，饮食有节、起居有常、乐观豁达，站桩便能事半功倍。

5. 女子在月经、孕期、月子期间能站桩吗？ |

月经、孕期、月子期都是女性体内激素波动较大的时期，再加上身体上的变化，常常会导致情绪的变化。不管是养生桩还是舒筋壮骨桩，都不是强度特别大的运动。因此，女子在这三个时期，可以适当站桩，既可以调节心理，又可以增强体力。经期如果没有特别的不适，练习站桩，有助于排出淤血。孕期站桩，适量最为重要，要避免大幅度的转身折体，以及难度较大的平衡练习，如攀足桩、金鸡独立桩等。月子期间，头几天卧床，先从腹式呼吸练起，一周后过渡到养生桩，再慢慢到舒筋壮骨桩。

6. 小孩子能站桩吗？ |

小孩子可以多练舒筋壮骨桩，几种桩法交替练习。首先，这些桩法中有很多锻炼脊柱的方法，能锻炼孩子挺拔的身姿，有助孩子防治常见的脊柱侧弯。其次，舒筋壮骨桩中有很多抗阻练习，可以让肌肉筋骨更为强壮，为孩子的身体打下一个好底子。最后，舒筋壮骨桩的节奏多是柔和缓慢的，属于有规律的慢律运动，这种慢律运动有助于放松紧张的情绪，培训孩子专注的心理能力。体育，载知识之车，寓道德之舍，在孩童时期，培养孩子良好的锻炼习惯非常重要，学会并坚持2到3种运动技能，这将利于他一生的身心健康。

7. 早上、中午、晚上什么时间站桩好？ |

一天之计在于晨，早晨适合练舒筋壮骨桩，有利于运化水液，减少面部和眼睛浮肿；同时可以振作精神，充沛精力。可以选取 2 到 3 种练习，如擎天桩、虎扑桩、攀足桩等。早晨练功，注意温度，及时添衣，还要注意慢性病症的养护。午饭后，可以练练蹲墙桩和抱球桩，既有利于血糖控制，还能缓解疲劳，下午工作起来也更有精神。晚上收心，适合练放松桩，有益于睡眠，几种放松桩可以穿插练习。如果工作实在紧张，分身无术，就把正身、调息、正念的基本练习放在当下，此时此刻，保持良好的身心状态。

8. 站桩要不要确定方向？ |

在一些传统说法中，早、中、晚练功要分别面对不同的方向，多是围绕着太阳的方位来选择的。比如早晨要面向东方，并称之为"寅宾东日"；中午要面向正南，此时离火当空，宜静不宜动；傍晚夕阳西下，要面向正西，叫"寅饯纳日"。这些说法多来自《尚书》中对四季农耕文化中作息时间的描述，用在练功上，反映了对天人合一的美好愿望。在实际站桩中，由于时间、环境不同，不必拘泥，灵活掌握。一般来讲，旭日东升，光线柔和，面对阳光站桩，心情温暖舒畅；当太阳高升，温暖浓烈，背对阳光站桩，可以晒背延年，有助于提升免疫力。

9. 每次站桩多长时间为宜？ |

如果时间充沛，放松桩每次半小时左右，舒筋壮骨桩每次15分钟。也可以根据自己身体情况，把放松桩和舒筋壮骨桩结合起来做，每次不超过半小时，一天练习两次。如果工作忙，没有大块时间，那就坚持"勤而精"的习惯。精，就是在时间上精打细算，每次可以抽出一点时间，哪怕只有两三分钟；勤，就是每天多次练习。比如，等地铁的几分钟，就可以做金鸡独立桩；在地铁上，你可以保持5分钟擎天桩的站姿，或者10分钟正脊桩的坐姿。"勤而精"是一种滴水穿石的功夫，它会帮我们养成更为持久的健康习惯。

10. 站桩时犯困怎么办？ |

练习放松桩时，由于身心放松，舒适自然，呼吸绵长，因此，大脑皮层的兴奋性相对减弱，有时候容易犯困，昏昏欲睡，这也是大脑皮层的一种自我调节方式。可以在中午或者晚上练习放松桩，困了正好睡去。如果平时站桩也容易犯困，可以用下面几种方法调节：一是缩短站桩时间，把握好松的火候；二是两眼睁开，平视远方；三是加入几次逆腹式呼吸，鼻吸口呼；四是捧球桩、抱球桩和扶按桩变换练习。

11. 站桩时手臂像有蚂蚁爬是怎么回事？ |

在练习放松桩时，偶尔会出现一些身体感觉，如酸、麻、胀、凉、热、重、痒、虫爬行等，被称为"动触现象"。比如在手脚肢端末梢和头面部会有热流涌过，或蚂蚁爬行的痒感；有些身体局部还会发凉，或者出现酸胀感等。这些反应的出现，主要是由于心静体松，身体一些细微的生理变化会被放大并被感知到，这就好比面对清澈平静的湖面，湖底五光十色的石子便会一览无余。这些感觉不是每次站桩都会有，当它们出现时，顺其自然就好。站桩结束后，做做干梳头，拍打按摩身体，这些现象便会消失。

12. 站桩时胸口发紧怎么办？ |

站桩时胸口发紧的原因，主要有以下几点：一是站桩时肩背松不下来，颈肩背都是紧的，牵扯着胸部肌肉筋膜僵硬，产生酸痛；二是过于注重腹式呼吸，呼吸有意加力，追求深长，时间一长，不仅胸口会发紧，有的还会头晕恶心；三是站桩时杂念丛生，想要追求静，但却心乱如麻，胸口像堵着一块石头，放不下来。解决的方法是，多练捧球桩，放松肩背身架。在呼吸上顺其自然，先过筋骨皮肉这一关，只有身体中正安舒，呼吸才能细匀深长。站桩后，从胸口，沿手臂内侧拍打至掌心；再从掌背；沿手臂外侧拍打至肩膀，左右交替。

13. 站桩时眉头发胀怎么处理？ |

站桩时眉间发胀，一般来说有两种情况：一是平时就爱皱眉，眉间紧锁，两眉之间正在形成，或已经形成了很深的川字纹；二是站桩时杂念过多，脑子里面像过电影一样，一幕接着一幕，松不下来。解决的方法是，两眼垂帘，眼皮像丝帘一样轻轻垂下来，不是闭眼，还能看到一丝光线。然后做展眉扬唇，把眉宇间的酸痛感想象成一团浓墨，慢慢晕染开来，向眉梢散去，越来越轻，越来越淡；继续深层松解脸部肌肉，口唇轻闭，嘴角周围放松，颧骨下方的肌肉微微上提，带动嘴角轻轻上扬，感觉紧皱的面部，像含苞的花蕾一样，由内向外层层舒展开来。

14. 站桩时打嗝排气正常吗？ |

站桩时打嗝排气属于正常现象，不要不好意思憋着，排出来更舒服。腹腔手术后有个有意思的现象，医生一定追着病人问：排气了没有。这个屁要是没放出来，那麻烦可就大了，屁一放出来，肠道就恢复正常蠕动了。站桩时，打嗝排气是肠胃功能增强的表现，尤其是原来肠胃功能弱的人，打嗝排气就会更明显一些。这是因为，当身体进入到松静状态后，支配脏器的副交感神经系统加强，再加上腹式呼吸的按摩作用，肠胃蠕动和新陈代谢增强。

15. 站桩时头晕怎么处理？ |

如果在练习舒筋壮骨桩时感觉头晕，多是由于身体自身的原因，比如有颈椎病、高血压、神经系统疾病等。这时候要降低桩法难度，把握火候，循序渐进，刚好练到舒适不难受的临界点。对于慢病康复来说，火候比方法更为重要。如果是站放松桩时头晕，多是由于呼吸或意念过强造成的，这时候可以停下来，做做干梳头，以指代梳，十指梳头50次，然后再做鸣天鼓30次，头晕症状就会缓解。

16. 站桩时总是杂念不断怎么办？ |

站桩练的是身心合一的功夫，通过这种练习，可以提升我们在生活中的专注力。初学站桩，难免会心猿意马，可以通过下面两种方法调整。在练放松桩时，心中默念双线放松法的要领，默念的速度要慢，如悬顶竖脊，展眉扬唇，松肩虚腋，松腰敛臀等，默念到哪，就松到哪。如果感觉某处比较紧，就多念几遍，把心系在身体上，慢慢达到精神内守、神不外驰的状态。在练舒筋壮骨桩时，注意眼神的运用。桩法四平八稳、直上直下时，眼睛一般是目视前方，全神贯注。桩法拧腰转体时，眼睛是手的延长线，向手指的方向凝望。眼睛是心灵的窗口，眼到心到，眼神不散，心意不乱。

17. 站桩和其他运动的关系是什么样的？ |

站桩一个最大的特点是把发散的精神收回来，注意力内敛，关注当下的自己，是一种由静而安的方法；站桩还有一个最大的好处，就是可以"拳打卧牛之地"，需要场地较小，随时随地都能练。跑步、打球、骑行这些现代体育，精神是外驰的，你的注意力在球上、在路上、在队友身上。站桩和现代体育可以互补，相互取长补短，这就好比一餐中，荤素搭配，营养更全面。在日常生活中，掌握 2 到 3 种运动技能，就像对身体进行了多种投资，健身的效果也会更好。

18. 感冒了能站桩吗？ |

感冒期间，身体倦怠，不爱动，没有胃口。这个时候，可以练练放松桩，自然桩、抱球桩、捧球桩交替练习。感冒期间站桩，要避风如避箭，最好在室内，背对阳光，让阳光晒到后背。这样站桩几分钟，从脖颈到后背便会暖意融融，先是头面部微微出汗，接着脖子、前胸、后背也会见汗，随着汗出，浑身舒畅。站桩前后，喝些温热的水，有助于体内循环。感冒期间身体比较虚，站桩时间不必强求，不要产生疲劳感。

作者简介

丁丽玲，国家体育总局健身气功管理中心研究员，国家三级健康管理师，北京体育大学传统体育养生方向硕士；著有《导引养生方》《无痛无病的活法》《祛病运动37式》《遇见导引》等图书；先后赴美国、新加坡、法国等十几个国家传播中国传统健身养生文化；2018年创办自媒体"导引子"微信公众号，致力于传播优秀传统文化，引导大众科学健身。